GABRIEL JANER MANILA
SEBASTIÀ MAS

LES FESTES LLUNYANES

Tradició i llegenda dels mallorquins

Per a Solange i Toni
Jaeger, l'amistat
i l'afecte d'en
[signature]

juny 29/00

LA FORADADA

J.J. de Olañeta, Editor
Apartat 296 - 07080 Palma de Mallorca

ISBN: 84-7651-762-9
Dipòsit Legal: B-42.748-1999

Pre-impressió: Ferrer Palma, S.L. - Palma
Imprès a Liberduplex, S.L. - Barcelona
Printed in Spain

Retorno a les festes llunyanes,
Quan la muralla de ponent
Plena d'estàtues blanques sobre el mar
Incendia la Catedral amb palmeres polsoses...

Bartomeu ROSSELLÓ-PÒRCEL

ÍNDEX

Les festes llunyanes

Per mitjà de la festa les cultures es cohesionen i adquireixen el seu aroma particular, la sentor que els segles han abocat sobre la vida dels homes i de les dones d'un espai, d'una terra. A través de la festa, reconeixem la cultura que ens és pròpia i ens identificam amb els signes que la defineixen i l'expliquen. Amb els rituals i els símbols que ens emparen.

A vegades ens són suficients alguns pocs indicis per retrobar el cabdell de la memòria i reconèixer uns gestos, unes actituds, unes velles paraules que ens pertanyen. Una antiga cançó, el toc d'una campana, el perfum de les roses esfullades, la murtra que marca sobre el trespol l'espai de la festa, els focs artificials de la nit de la revetlla, una música galana... La festa és plena d'aquests requeriments; perquè abscondeix l'esforç secular d'un poble —d'una col·lectivitat— per mantenir despertes unes paraules, uns gestos, unes accions, una música i un cant que l'identifiquen. Per això la festa ens és necessària: perquè ens vincula al ritme natural de les estacions, alhora que ens permet la reafirmació social i la recuperació de certs valors culturals, reivindicatius i lúdics. Posseeix, doncs, una energia que permet la dinamització dels carrers i dels barris, la participació, l'orgull de pertànyer a un espai que hom enramella, perquè la festa arribi amb l'esplendor que li és pròpia.

Enramellar els carrers no és posar un decorat, sinó potenciar l'entorn, el carrer i la plaça, transformar-los en un espai lúdic on sigui possible el miracle de la celebració festiva.

Temps era temps... les festes llunyanes. Aquest no és un llibre on s'explica la història de les festes, el seu origen, l'evolució que han seguit. Aquest és un llibre que es proposa desvetllar la memòria de la festa —de les festes llunyanes—, d'aquelles festes que ens han arribat —algunes han mort durant el camí— per la ruta transparent dels segles.

He cercat l'aproximació a la festa pel camí de l'estètica i de l'emoció per les coses que ens són familiars: el ball d'estiu, la processó del Corpus, les cançons de verema, el sermó de la missa major, la pirotècnia desbordant, les històries burlesques del sopar de matances, els trons de l'Encontrada, el cant de la Sibil·la, la disbauxada gresca del Carnaval, la màgia fastuosa de la nit de Sant Joan: fogueres, balls, herbes remeieres i averanys, els dimonis de la festa de Sant Antoni, la picantiosa fascinació de les cançons eròtiques: paraules que juguen, tanmateix, a trabucar els significats, les flors del cementiri del Dia dels Morts, els rosaris de Tots Sants... Els perfums de la festa —flors, murtra, cera, encens, alfabeguera...—, i els jocs antics.

I els menjars rituals, l'encontre de la primavera, les cançons d'invocació i auguri, la commemoració dels difunts, els divertiments... Algunes festes s'erigeixen encara en les puntes de diamant d'una cultura que no es resigna a l'homogeneïtzació. La festa ens permet retrobar els llenguatges simbòlics que la imaginació ha creat al llarg de la història: un univers de signes, de sensacions, de petites, insubornables llibertats.

Mallorca, maig de 1998

LES FESTES D'HIVERN

La natura dorm i espera la crescuda del sol. Ara escalfa poc el sol, i el vent és fred, i la pluja cau, a vegades, que sembla neueta. Les nits són llargues. En altre temps, les nits d'hivern eren favorables als contes, al vell costum de contar rondalles vora el foc. Les flames afavorien la imaginació: les ombres d'en Bernadet i de na Blancaflor, de n'Espirafocs i d'en Joanet de l'Onso, de na Catalineta, d'en Joanet fill de Rei i de na Magraneta... sorgien inesperadament. «Això era i no era...». Llavors, tot era possible a l'interior del conte. El pensament volava, terres i mars enllà. Cada nit, durant la contança, podia esdevenir la festa.

Les festes d'hivern també respiren aquella mateixa màgia dels contes i el misteri. Nadal, els Reis que passen de nit, en secret, la fascinació de la vida de Sant Antoni, el seu combat perenne amb els dimonis de l'infern, i el foc, i la ximbomba, i els darrers dies, i els ametllers que blanquegen quasi tant com la lluna de febrer...

21 de desembre

LA FIRA DE SANT TOMÀS

Per Sant Tomàs
qui no té llenya li tremola el nas.

Antany era la fira de Ciutat. També és fira a Sineu. Entra l'hivern, aquest dia; el més curt de l'any. Primer, la fira es feia a la Porta de Sant Antoni, sota les Enramades. Després, a la plaça Major: indiots i porcelles, galls i murtons, torró i fruites seques.

Per Sant Tomàs, la gent comprava els pastorets que havien de servir per al Betlem. En alguns indrets de l'illa en deien «tomassets», perquè es compraven a la fira de Sant Tomàs: pastores i pastors vestits a l'antiga, indiots i ovelles, ànecs i porcells, conills i gallines, i reis, i estrelles, i camells, i misteris...

Durant el segle XVII i el XVIII, Manacor produïa pastorets de fang esmaltats, cuits al forn de coure cocarrois i panades. A la segona meitat del segle XIX, Josep Fernández, es Santet, tenia el taller a Ciutat, prop de l'Hospital, i botiga oberta al carrer d'es Bastaixos. Es Santet havia après l'ofici a la ciutat d'Olot. També se'n feren a la fàbrica de ceràmiques de La Roqueta, a les darreries del segle XIX i a començaments del XX. En els nostres dies, he conegut els últims homes i dones que han fet pastorets: na Maria Capó, àlies na Coves, na Francesca i na Beatriu Fuster, en Joan Aguiló i Fortesa, en Damià Bennàsser... I na Carme Garcia i n'Andreu...

Entorn de la festa de Sant Tomàs, té lloc a Madrid la rifa de Nadal. La gent hi posa amb il·lusionat afany. Saben que els premis d'atzar poden fer canviar la vida i cerquen els números bons, i refusen els números dolents. La grossa de Nadal. A vegades la vida depèn dels capricis d'una rifa. La Fortuna comanda i distribueix segons la seva voluntat el bé i el mal.

Figures d'animals per al betlem.

Ornamentació nadalenca a l'església parroquial de Porreres.

Betlem de Can Ramon Ripoll de Sóller.

La Sibil·la al convent de ses Tereses de Ciutat.

La Sibil·la a Lluc.

La festa de l'estendard.

A la missa major, el ball de la festa.

L'actriu Catina Valls recita La Colcada *a la plaça de Cort.*

La viva emoció de saludar els Reis.

El rei Baltasar correspon a l'entusiasme de la gent.

La representació dels Reis a Esporles: el rei Herodes s'enrabia...

Festa de Sant Honorat a Algaida. Sona la ximbomba i la gent canta.

Protagonistes de la nit de Sant Antoni: foguerons i dimonis.

L'encesa dels foguerons de Sant Antoni a la plaça de sa Pobla.

La disbauxa de la nit de Sant Antoni a Artà.

A les beneïdes d'Artà: coca i vi per a qui en vulgui.

PREGÓ DE NADAL

A vegades he pensat que em moriria, en apagar-se les darreres llums, en extingir-se la claror de Nadal, si no sabés que —els cicles de l'any s'acompleixen, tanmateix, implacables— retornarà novament la gran festa d'hivern, si no posàs, traspassada amb escreix la meitat de la vida, en l'horitzó remot, encara l'esperança d'alguns Nadals.

I us he de dir de bon començament que només la fascinació que tinc per la música justifica la meva presència en aquesta tribuna, convidat a acompanyar la Coral Universitària, el camí de la qual he seguit i admirat, d'ençà del primer dia. Pensant en allò que representa per a la cultura d'aquest país, vaig escriure no fa gaire una cançó d'elogi del cant coral de la qual vull extreure anit alguns versos:

Mira la mar:
quan les ones s'ajunten,
milers de veus que s'alcen
fan la cançó del mar.
Mai no hauràs vist
que una ona canti sola.

Observa el bosc:
quan els arbres aixequen
la cançó vegetal de les branques,
és la cançó del bosc.
Mai no hauràs vist
que un arbre canti sol.

...

Mira les mans:
quan els homes s'aferren
a unes altres mans,
és la cançó dels homes.
Mai no hauràs vist
cantar soles les mans.

Mira les veus
que concerten la vida
i s'uneixen en cor
com si fossin les mans.
Mai no hauràs vist
una cançó més bella.

Potser no la sabíeu, la meva dèria per la música, però us he de confessar, com qui explica un secret, que a vegades m'ha ajudat a viure i m'ha permès defensar-me d'algunes solituds, de les petites desesperacions.

Potser no la sabíeu, la meva inclinació amorosa per la música. O, tal vegada, l'havíeu intuïda a través dels meus textos escrits. No perquè allí se'n parli de forma explícita, sinó perquè he cercat sempre suscitar en la imaginació del lector la musicalitat de les paraules i de les frases. Com si es tractàs de suggerir la melodia del text, els contrapunts, els jocs de sons, les dissonàncies. Com si cercàs de projectar en la música del text l'eco del seu significat. I provocar la imatge de les vibracions sonores, simplement imaginades, ni que es tractàs d'un text que una veu misteriosa hagués vingut a recitar en la memòria del lector.

Aprenem de memòria la música de la llengua: les tonalitats, les vibracions, els silencis... Mai no podríem arribar-la a parlar, la llengua que ens és natural, perquè és la pròpia del territori sobre el qual ens ha tocat viure, si no aprenem, molt abans d'aprendre el significat dels mots i la disposició de les frases, la música que circula per la seva estructura.

Segurament, les onomatopeies —aquells sons verbals que reprodueixen els renous de la naturalesa i que els cantants de rock han incorporat sovint a les seves cançons— van esser el primer llenguatge, la primera música dels homes. Un joc fastuós i primitiu. Un joc de veus, de remors, de crits que tracten d'imitar la virginitat més pura d'una naturalesa que gemega amb violència, maltractada.

La música i el cant d'Orfeu —era un plant d'amor— afebliren la salvatgia de les feres i les alzines acudiren a sentir-lo. Potser la música acaba per afeblir el cor més dur. Crec que és en aquest sentit que Ramon Llull, en explicar-nos l'educació del jove Blanquerna, ens diu que el seu pare «aprés la missa lo portava a l'escola de música». Perquè sabia que la música —igual que les paraules— és una energia, i pot esser un projecte d'inconformisme, i és una de les múltiples formes d'aixecar la consciència col·lectiva pels camins afortunats de la imaginació.

Fa poc temps, només unes setmanes, he visitat la vella ciutat de Compostel·la, entre boires, i campanes, i pluja clara. No vaig anar-hi com un pelegrí que arriba als confins de les terres d'Europa amb la pregària als llavis. Ni vaig recalar-hi acompanyat d'altra gent, pelegrins com aquells que descriu el Codi Calixtí: «uns toquen les cítares, d'altres les lires, d'altres els timpans, d'altres les flautes, caramelles, trompetes, arpes, violes, rodes britàniques, o gàl·liques, d'altres canten amb cítares, d'altres, mentre canten acompanyats d'instruments diversos, passen la nit en vetlla». Vaig arribar-hi atrafegat, amb la frisor enganxada a les passes, només amb el temps d'acudir al reencontre d'alguns pocs indrets venturosament cobejats. Vaig acudir al Pòrtic de la Glòria. Coneixeu la història del mestre Mateo. Havia cercat en una ciutat i una altra qui volgués contractar el seu treball. Arribà a Compostel·la i tingué la fortuna de trobar-hi un bisbe acabalat. El Pòrtic posseeix una màgica llum grisa i blava, els dies de pluja. Davant d'aquest Pòrtic milers de pelegrins han cantat himnes penitencials i càntics de misericòrdia. A mi m'hauria agradat cantar-hi una cançó d'amic, com aquelles que cantaven els trobadors. El Pòrtic és una lliçó de teologia cisellada en la pedra. L'estructura del Pòrtic gira entorn de la figura majestàtica de Crist, voltada d'àngels, evangelistes, profetes i ancians apocalíptics amb instruments de música. És el jorn del Judici. La teologia del Pòrtic és la mateixa que roman en el substrat del cant de la Sibil·la: l'anunci d'aquell dia en què vindrà Jesucrist, Rei Universal, per a jutjar els homes. Davallarà gran foc del cel, el mar, les fonts, els rius, tot cremarà. Els peixos donaran grans crits. El sol perdrà la claredat, el jorn del Judici.

No hi ha en la Sibil·la ni una sola fissura per a l'heterodòxia. Rígida i severa, la profecia. Igualment, el Pòrtic de la Glòria de Compostel·la és un producte de la pietat romànica: Crist apareix amb tota la seva majestat, disposat a donar a cadascú allò que és just. Però el mestre del Pòrtic no es resignà al concepte de la vida que li donaven rigorosament clos i s'arriscà a introduir en la seva obra la insubornable vitalitat d'un art que no es conforma a romandre sotmès a les velles normes. Entre les figures hieràtiques del Pòrtic, un profeta somriu. Somriu a la vida, somriu a un altre món —més humanitzat, més pròxim als homes— que intueix, que sap que ha de venir. Somriu, el profeta Daniel, perquè el mestre sabia que en aquell somriure s'hi projectava la seva revolta subtil, capaç de desdramatitzar l'apocalíptica, solemne visió de la Glòria.

Els segles han teixit velles històries al voltant d'aquell somriure. Hi ha qui ha dit que somriu a la reina Esther, la figura que té davant seu, a l'altre costat. Diuen que el Capítol de la catedral de Santiago manà en temps passat que rebaixassin els pits de la reina, perquè els considerava massa provocatius. Algú ha cregut que, potser, havien arribat a enamorar-se, el profeta i la reina, condemnats a romandre per sempre l'un davant l'altre, embolcallats en el seu amor de pedra. Però, potser, algun dia, una aranya teixí un fil de seda que partia de la boca d'Esther i arribava als llavis somrients del profeta.

El profeta somriu: a la vida, a l'amor, als temps nous que vindran. En un món de rígida i dogmàtica ortodòxia, sobre el paisatge apocalíptic de la Sibil·la, planta, el profeta, la fantasia insubornable d'un somriure.

(Pronunciat a l'Auditòrium de Palma
dia 22 de desembre de 1990.)

25 de desembre

NADAL I SANT ESTEVE

Cada dia no és Nadal, diu una vella expressió popular. I Nadal és la festa major de l'hivern, la gran festa del sol que creix: "Per Nadal, una passa de gall", amb la promesa que retornarà el bon temps, ara que els dies comencen a allargar-se.

Hi ha, encara, en la festa, algunes deixalles de les antigues, remotes celebracions entorn del sol que neix: el gall, el foc i l'arbre. La vida casolana a la vora del foc... El fred. I damunt la taula, fruites seques i confitura: panses, i figues, i nous... I el torró de Nadal: d'ametlles torrades, d'ametlla crua amb clovella de llimona i un polsim de canyella, torró de vermell d'ou, de xocolata, de pinyons, torró de nous, torró fort d'ametlles amb mel o d'avellanes...

L'Església cristiana celebra la festa del naixement de Jesús, la llum nova del món i l'auguri del bon temps que vindrà.

La celebració comença abans de mitjanit amb el cant de matines. Canta la Sibil·la, poc abans de la missa, els seus vaticinis:

> Lo jorn del Judici
> parrà qui haurà fert servici.

La profecia diu que vindrà Jesucrist per a jutjar els homes i les dones, que davallarà foc del cel, que cremaran els mars, els rius i les fonts, que els peixos pegaran grans crits, que el sol perdrà la claredat i la lluna no darà claror. «En acabar l'ofici de matines i abans de començar la missa —escriu M. Sanchis Guarner—, puja a la trona un al·lot d'uns dotze anys, que duu un cridaner vestit de caire femení amb tuls i sedes brodades, i que sosté amb les dues mans una gran espasa lluenta. Porta tan estrany indument perquè representa una sibil·la, i, com és sabut, l'Antiguitat cristiana admeté que Déu havia concedit una mica d'esperit profètic a algunes d'aquelles endevinadores paganes, per tal de predisposar els gentils, amb llurs oracles, a rebre la llum de la Bona Nova».

Fa molts d'anys, en acabar el cant, la Sibil·la tallava amb l'espasa unes garlandes de les quals penjaven coques —les coques de Nadal—, i els escolans es precipitaven a recollir-les i a menjar-se-les. Una cançó adverteix la Sibil·la:

Sibil·la aguanta sa coca,
que no et caigui de ses mans,
perquè hi ha dos escolans
que baden un pam de boca.

L'espasa rompia el fil i queien neules i coques, ni que fossin les estrelles del cel, que també cauran en acabar-se el món.

Maria Aurèlia Capmany, que va sentir el cant de la Sibil·la per primera vegada a la parròquia de Sant Nicolau de Ciutat, vers l'any 1971, va escriure: «el poble no en tenia prou amb la bellesa del cant, la majestat de la indumentària, l'esclat de l'espasa de justícia; li calia a més l'expressió de l'abundor dels bons temps que la claror anuncia, allargant una mica les hores del sol: i l'església s'omple d'enfilalls de neules, d'hòsties rissades, lluïdes de foradets i randes, que branden i tremolen entre el buf dels ciris, fins que la Sibil·la, que ja ha anunciat els terrors de la fi del món, quan els peixos sortiran de la mar llançant grans crits, i ha promès la redempció, talla el fil de les neules i dels pans i tothom corre a arreplegar aquest modest mannà, com a símbol de la plenitud de vida».

La nit de Nadal és plena de misteri. Del misteri que sorgeix de la conjunció dels contrastos: el fill de Déu que neix en una païssa, colgat en un pessebre entre un bou i una mula, mentre canten els àngels i els pastorets li porten els seus rústecs presents. D'uns *Pastorells* publicats a Mallorca al 1818 per Salvador Savall, són aquestes estrofes:

Jo vos port,
Verge sobirana,
un vellet de llana
per un caputxet.

Jo li duc
dels millors torrons,
penjolls i murtons,
que són de floquet.

Jo li port,
rigues o no rigues,
un bon pa de figues
dins el serronet.

Jo li duc
sense fer bravates
vellanes, patates
i un melonet.

Jo li port
rudes de confits,
grossos i petits,
puix tots los admet.

I les neules: «Cada cosa a son temps i per Nadal, neules», diu un antic refrany. Actualment, les neules són de paper blanc, algunes retallades, bellíssimes filigranes geomètriques carregades de símbols que pengen de les làmpares i dels llantoners. Les que pengen del llantoner major serveixen de calendari: les neules grans indiquen les setmanes que han de transcórrer perquè arribi la Quaresma; les petites, els dies. La gent, en entrar a l'església, conta la tirallonga de neules i s'assabenta de quan seran els darrers dies, de quin temps tardarà a arribar la Quaresma implacable.

I les esglésies s'omplen de neules: la llum de Nadal, el pa eucarístic... Potser les neules en són el símbol lluminós. A Llucmajor, els frares penjaven les neules en cordills alternant-les amb brots de sivina, i col·locaven les garlandes de banda a banda de l'església, penjades als salomons i a les llànties.

Diu la llegenda que les lluernes —que llavors encara no eren lluernes—, que vivien en coves humides i racons ombrívols, es presentaren a la cova de Betlem, la nit en què una gran clarandera l'il·luminà, la nit aquella en què va néixer el Salvador del món. Aquelles cuques cercaren amagar-se pels enfurinyalls i fugir de la llum. Aficaren el cap dins els enfonys, però quedà la resta del cos a mercè d'aquella claredat —era claror del cel— que impregnà una part del cos de les cuques. La intensitat d'aquella claror marcà la pell de les cuques de llum.

Un altra tradició explica que una monja del convent de Santa Magdalena de Ciutat havia de cantar la Sibil·la, la vigília de Nadal de 1570, i es trobà de sobte que havia perdut la veu per causa de l'escanyadura. Acudí a la cel·la de sor Tomassa i li demanà remei. La santa li va dir:

—Tornau aquí, quan toquin matines, i preniu allò que tindré en les mans.

La monja hi tornà i la trobà que portava una mica de sucre. Se'l menjà i cantà la Sibil·la, ni que tingués la veu d'un àngel.

El costum de representar *Els Pastorells* aquesta nit ha perdurat fins als nostres dies. Se'n conserven múltiples versions, algunes d'autor conegut. Segurament, els més famosos —perquè la gent se'n sabia fragments de memòria— han estat els *Pastorells de na Rebeca i na Sussana*, de Bartomeu Ferrà, publicats per primera vegada l'any 1868.

Sussana.- Rebeca! no saps es cas?
Rebe.- No sé res, què hi ha, Sussana?
Sus.- Tira això, de bona gana
i vine amb mi, da'm es braç.

Reb.- Amolla'm, desbaratada!
Sus.- No filis, ja't basta es drap.
Reb.- Ell dus grins dins es teu cap
(fa seny de beure)
Digues: que estàs costipada?
Sus.- Te perdon es pensament
perquè no saps lo que sé;
mira, guaita an es carrer,
digues què veus...
Reb.- Molta gent
que crida i corre i fa espants.
Bé, deuen esser forasters
d'aquests que n'han venguts tants.
Sus.- Són d'aqueix poble mateix.
Reb.- Però bono, explica't clar.
Què és lo que us ha succeït?
Sus.- Es cor no em cap dins es pit,
jo no t'ho sabré explicar.

És fàcil de veure el to popular amb què està escrit el diàleg i com són extrets els personatges de la vida quotidiana: «Sussana i Rebeca —escriu Joan Mas i Vives— més que dues pastores bíbliques són dues tafaneres»...

La representació d'*Els Pastorells* dóna encara avui a la celebració litúrgica un aire de misteri medieval. El text i la música s'ajunten en l'espectacle popular que duen a port els actors gairebé improvisats del poble.

Aquesta quotidianitat tracta de reproduir-se als betlems de les esglésies, dels convents i les cases. El més antic dels betlems mallorquins és el de l'església de l'Hospital de Ciutat, emplaçat a la primera capella, quan entram a mà esquerra. La gent en deia «es Betlem de Jesús» d'aquest betlem, perquè el seu primer emplaçament fou a l'església franciscana de Jesús, fins a l'exclaustració de 1836. Una cova, la Verge i Sant Josep, de fusta tallada i agenollats, sis àngels músics: un que toca la cítara, un altre l'arpa, un altre la flauta, un altre l'orgue portàtil..., la mula i el bou i, sobre la cova, tres pastors amb nou ovelles blanques i negres, de les darreries del segle XV o dels inicis del XVI, i el nin Jesús assegut en una cadira, cinc àngels barrocs i el colom que representa l'Esperit Sant.

La llegenda diu que l'any 1536 una nau, potser de procedència italiana, que portava les figures dels set misteris de la Marededéu es va veure perduda enmig del mar per causa d'una tormenta terrible. El capità va prometre que oferiria un d'aquells misteris a la primera ciutat de la qual veuria llum. Entrà en la badia de la Ciutat de Mallorca i va veure la llum d'una llàntia de la porteria del convent de Jesús. La nau arribà a port i el guardià del convent escollí aquest misteri.

Altres betlems populars són, alguns d'ells amb les figures vestides amb roba de seda, el del convent de les monges caputxines, el del convent de Santa Clara, el de Sant Jeroni, el de la Concepció... Al betlem de Sant Antoniet, en una petita església vora la porta de Sant Antoni, les figures tenien moviment: una pagesa que donava menjar a les gallines, dos serradors que serraven un tronc, un carreter que es dirigia cap a la cova, però el mul només caminava a bastonades.

Al convent de Sant Bonaventura de Llucmajor, a començament del segle XX, el betlem que fra Miquel instal·lava a l'escola dels grans era tot de figures en moviment: molins fariners i molins de treure aigua, una fusteria amb les serres mecàniques, homes i dones que espolsaven els ametllers i les oliveres, dones que rentaven, homes amb l'arada... Fins i tot un tren, arribà a posar-hi fra Miquel, que travessava el betlem de cap a cap...

La tradició del betlem es remunta a l'Edat Mitjana, en el marc de la dramàtica medieval mediterrània. Francesc d'Assís féu el primer pessebre a Greccio, l'any 1223. I volgué que madona Pobresa hi fos present. Encara avui, els betlems casolans podrien inscriure's en la dinàmica de l'art pobre: la reproducció dels paisatges reals o imaginaris, la màgia de la desproporció i de l'anacronisme... Un safareig o un llac construït amb un tros de mirall, les muntanyes totes plenes de neu de farina, camins de serradís, palmeres i alzines, figueres de moro i llimoneres, sínies i coves, cases i ponts sobre un riu de paper de plata, neules i taronges mandarines —potser simbolitzen el sol, les taronges— penjades al sostre de la cova, barba d'olivera arrabassada dels llocs humits: vora un torrent en un recer de la muntanya, entre les roques, en un bosc espès. I la Glòria de cotó, amb serafins retallats... I els pastorets: l'un porta una porcella, l'altre una cabrida, i un anyell, i un pollastre, i una coca, indiots, i magranes, i bescuit, i penjolls, i pa de figa: «...com una compendiosa reproducció del panorama planer i muntanyenc —escriu el pare Rafel Ginard—. Herbatge, caminois, conradís i garrigues. Neu a la cresta dels serrals. Pastorets i ovelles, dones que entrecaven i gorgs amb ànneres que hi neden. Molins, castells i qualque sínia. Parellers que llauren, unes piques de rentar vora una canal. Barraques, escampadissa de gallines i d'indiots. El conjunt del Betlem va a esser com unes ingènues, polides i purificades Geòrgiques Cristianes».

I la reconstrucció d'escenes familiars, figures que ens recorden una realitat somiada. I l'herbeta, la pelussa, la molsa vellutada, pèl de roca, herba roquera, verdet, herba de betlem, herba-penya...

Entre la gastronomia de Nadal (sopa de Nadal, escaldums d'indiot, capó de Rei en Jaume, porcella farcida, torrons i coques...) cal esmentar, especialment, la llet d'ametlla, present en la cuina medieval. Encara avui se'n fa a alguns llocs al voltant de Santa Maria: Pòrtol, Santa Eugènia, sa Cabaneta, es Vivero, s'Indioteria..., a Andratx, Sant Elm i s'Arracó... Andreu Ramis i Antoni Ginard han relacionat la producció de la llet d'ametlla amb la presència dels frares mínims, que s'instal·laren a Santa Maria l'any 1682, el seu règim alimentari vegetarià, l'abstinència perpètua dels monjos i les festivitats de l'any que celebraven amb llet d'ametlla.

També les títeres eren, en altre temps, una diversió de Nadal. Els jocs dels pallassos, els salts dels trapezistes, la voluntat ferma del domador de feres per doblegar la naturalesa sota els seus peus... La màgia del més gran espectacle del món sota la carpa.

L'endemà de Nadal, és la festivitat de Sant Esteve. Aquest dia feien festa els diaques. El llenguatge popular, que vol recordar-nos que la vida és efímera i que els plaers passen ràpidament com els estels amb cua, que tracta d'explicar-nos la fragilitat de les coses, diu que «no duraran —que no durarem tanmateix— de Nadal a Sant Esteve».

28 de desembre

EL DIA DELS INNOCENTS

Com si fos un preludi dels darrers dies, la diada dels Innocents constitueix encara una invitació a la gresca, a la rialla i a la burla. A la provocació del ridícul i a l'escarni.

Antigament, aquest dia acabaven les «llibertats de desembre», la rialla lliure. Es convidava els amics a menjar bunyols farcits d'estopa, ensucraven les coques amb sal o s'aigualia el vi... Es jugava —encara s'hi juga— a enganyar «els innocents». Enviaven els al·lots a la botiga a cercar «ungüent d'estar aquí», «arrels de campanar», «aigua de tremolins»... Tiraven fum d'estampa en la pica de l'aigua beneïda, ous nials a la taverna, substàncies que feien mala olor... En els teatres, els actors representaven el paper de les dones i elles, les actrius, el paper dels actors. El món a l'enrevés. Hom ha emparentat la disbauxa del dia dels Innocents amb les festes de folls que se celebraven a molts de punts d'Europa durant l'Edat Mitjana, a les darreries de desembre: la paròdia burlesca, la inversió de la jerarquia, cançons profanes, llatins trabucats, faules picantioses, ironies llicencioses... Es tracta del joc de la inversió de les situacions i dels valors, de la transformació satírica d'allò que és rigorós i solemne. La crítica dels costums, el somriure alegre, la llibertat de la impertinència entre els murs de l'església, al cor i en el claustre. La paròdia i la farsa, inversió de jerarquies... Només per un dia, el poder en les mans dels més humils, dels subalterns. I la instauració d'un nou poder: el poder lúdic de la festa disbauxada, irreverent i lliure.

La festa dels folls —*festum stultorum*—, escandalosa, satírica i grotesca. Els censors s'indignaven, condemnaren la festa i la prohibiren. Deien: Es pot fer un divertiment d'una blasfèmia? Ningú no brinca sense perill amb una serp, ningú no es diverteix impunement amb el Dimoni.

Potser, sota la influència de la festa dels folls se celebrava l'antiga representació de l'*Entremès del Bisbetó*, a la Seu de Mallorca. L'escolà que havia estat elegit perquè fes el paper sortia de la sagristia vestit amb els ornaments pontificials, acompanyat de la seva cort formada per altres escolans, assegut en una cadira gestatòria enramada de murtra. El portaven quatre canonges i quatre beneficiats. Aquest dia, els canonges feien d'escolans. Pujava a la trona, repartia beneficis i dignitats, i beneïa, finalment, la concurrència.

L'*Entremès del Bisbetó* fou abolit a Mallorca el vint-i-cinc d'octubre de 1549, per ordre eclesiàstica. És probable que algú s'hagués excedit amb la paròdia i la burla, amb la sàtira inclement i desvergonyida.

31 de desembre

SANT SILVESTRE I SANTA COLOMA

LA FESTA DE L'ESTENDARD

Es dia de Sant Joan
ses Joanaines fan festa,
i es dia de Sant Silvestre
ses Colomes també en fan.

L'any es tanca amb la festa de Sant Silvestre i Santa Coloma. (Diuen que les Colomes només fan festa mig dia, l'horabaixa de dia 31. Diuen que Santa Coloma no cabia al calendari i li feren lloc el darrer dia de l'any, després de dinar). La Ciutat de Mallorca celebra aquest dia la Festa de l'Estendard per commemorar l'entrada a la ciutat de les tropes de Jaume I, el 1229. Hi ha ofici major a la Seu, presidit per les autoritats municipals, i pregó a la plaça de Cort, davant la Sala. Llavors, ritualment, es recita *Sa Colcada,* el poema costumista de Pere d'Alcàntara Penya, que descriu la festa així com se celebrava a començaments del segle XIX:

...i s'aplegaven
davant Cort els cavallers
i a cavall molts de carrers
en processó transitaven,
a la moda antiga armats,
de cap a peus brufats d'or
amb rics mantells adornats
de lama o tissú del bo;
per aquí anaven passant
cap a Santa Catalina.

—Per aquí davant, padrina?
Per aquí davant?

—Per aquí mateix, i amb ells
anaven vestits de gala
els tamborers de la Sala,
macers, mestre i virells,
i hi anaven els Jurats
amb les gramalles i els rissos,
curials i sobreposats,
el Regiment dels Suïssos,
i el Duc vestit de Virrei
amb senyors de s'oficina.

—Vestit com el Rei, padrina?
Vestit com el Rei?

A la cavalcada hi desfilava tota la mitologia ciutadana: els macers de la Sala, el rei Moro, el rei Conqueridor, el drac de na Coca..., i el senyoriu: cavallers i botifarres que hi acudien vestits de gala.

PREGÓ PER A LA FESTA DE L'ESTENDARD

Senyores i senyors, amics volguts:

Per la festa ritual i solemne tractam de reviure un esdeveniment que succeí en el temps: el 31 de desembre de 1229 les tropes del rei Jaume I prengueren la ciutat de Mallorca per assalt, després de llarg setge. La festa d'avui no és, emperò, la celebració d'una rendició ni la commemoració d'una escomesa violenta i cruel. Aquesta és una festa que es defineix per un conjunt de gestos, jo en diria una festa cívica, perquè els gestos que la configuren ens permeten de familiaritzar-nos amb uns continguts que pertanyen a la història del nostre poble.

Ens trobam en presència, doncs, d'un ritual que m'atreviria a qualificar d'iniciàtic, que ens aboca a la recuperació d'una herència, a la reivindicació d'un passat que ens havia estat manipulat o destruït, a l'organització d'uns continguts mítics. Per a mi, es tracta d'una festa de fundació: el rei en Jaume no volgué fer de l'illa un guany de guerra, una simple annexió per conquesta, una província; sinó que creà un nou estat: el Regne de Mallorca. Ens trobam per reviure la creació política d'un dels Països Catalans, aquella confederació d'estats lliures, units per la figura del rei i per la comunitat de la llengua i la cultura. A partir d'aquí sorgeix una doble via de mitificació: el mite oficial —el de la classe en el poder— que ha cercat en la figura del monarca un element que vingués a fixar i a ben travar els esquemes polítics que convenien al seu afany de domini. El rei conqueridor ha servit entre nosaltres per justificar la guerra, mentre la guerra esdevengui una creuada, ha servit per proclamar la catolicitat del nostre poble i la seva predeterminació d'ençà de l'era talaiòtica, per donar fonament al senyoriu antic i per justificar vells privilegis de casta, ha servit per donar suport a altres guerres, a altres assalts, a altres cabdills invictes. Però Jaume I és, també, un rei de rondalla. Un heroi que el poble ha fet seu pels camins de la llegenda, en el sentit en què hi trobam condensades emocions antigues, velles servituds i valors. La llegenda reactualitza un esdeveniment per la via de la simbolització i de la poetització. Aquell rei que va promoure el repoblament de l'illa, que fundà el nostre poble i organitzà la seva convivència, deixà sobre les roques marcada la petja del seu cavall veloç, les ginyes de la carrossa sobre la muntanya. La pols que alçava el trot d'aquell cavall «se'n pujà per amunt i per amunt —explica un conte vell— fins que pegà an el cel, i hi romangué aferrada i tota resplendent». Potser mai no n'hi ha hagut cap, de rei tan bel·licós contra els moros. El *Llibre dels Fets* —la crònica que volgué deixar escrita sobre allò que havia estat la seva vida— posarà un esment especial a demostrar-la, aquesta bel·licositat reial, i mossèn Alcover, fidel a l'expressió suggestiva i grotesca de la narració popular, acabarà per dir que «... no hi porien estar persones nades davant el Rei en Jaume i es seu cavall, si era per batallar (...) i el Rei en Jaume, espasada va i espasada ve, a dreta i a esquerra i cap de moro a l'aire i cossos xapats en creu... (...) i es bocins més grossos que en deixà foren ses oreies». Però així i tot aquesta fou —ens ho acaben de dir a *Sa Colcada*—: «la més gran de les històries», una història que cal reviure amb murta pels carrers, domassos a les finestres i vestits de gala.

La força dels mites rau precisament en el seu poder per desvetllar els sentiments col·lectius, en la seva capacitat d'esdevenir una estructura oberta. Mitjançant el mite tractam de subratllar el significat que volem atribuir als fets i a les coses. Tanmateix, la terra seria inhabitable sense aquesta voluntat d'atribució. Ens uneixen al grup a través del llenguatge simbòlic, els mites, i ens permeten d'establir una relació afectiva amb la realitat. Des d'aquesta perspectiva, caldria preguntar-nos pel sentit de la festa d'avui. Quina dimensió voldríem que recobràs la figura d'aquell rei? Pens que el mite que en farem qualificarà el nostre present i explicarà quina casta de futur hem escollit.

Potser hi haurà qui posarà en dubte la necessitat dels mites sense saber que constitueixen —segurament com tota la literatura— una interpretació de la vida, una metàfora, que configuren el suport de la cultura i són el testimoni de les velles, legítimes aspiracions dels homes. Vet aquí un tema que desvetlla apassionament i polèmica. Sabem que la cultura és l'eix que vertebra i diferencia una realitat. En cercar de definir-la, la cultura, podríem dir que és tot quant s'ha escapat de la mort i, encara que ens preguntaríem per quines causes l'han evitada, la mort, els elements que estructuren la cultura, tractaríem de veure-hi un passat que viu i batega davall els nostres peus. Sovint, desplaçats brutalment d'aquest passat, els ciutadans d'avui ens sentim mancats de punts de referència, abocats a la inseguretat, al drama de viure en la incertesa. Per això és que, en reclamar una cultura arrelada en la tradició, oberta als grans corrents intel·lectuals, allò que volem no és més que una cultura viva, capaç de convertir-se en una energia que lluita des de l'estricta realitat, des de l'horitzó que li és familiar i propi.

No tractaré de recordar-vos la història de la nostra ciutat, d'ençà del dia en què aquell rei vingué a fundar-hi un regne sobre el mar. Bé la coneixeu, la història, i massa sovint hem hagut de fer-ne retret. Desgraciadament, el nostre és un poble amb excessiva història sense arxivar. No és fàcil, emperò, aproximar-s'hi, a aquesta ciutat viva, polièdrica, configurada per múltiples cares, a vegades obscures, infamants; d'altres, lluminoses. Avui és un bon dia per conjurar-los, els fantasmes de la nostra ciutat, i obligar-los a reviure, ni que només sigui l'alè d'un instant, enmig d'aquesta plaça. La festa és, a més d'un ritual, orgia creativa. El món seria més difícil de viure sense aquella imaginació que s'encarna i pren forma en el joc de les nostres quimeres. La ciutat és, també, la ciutat obrera, la de la gent que treballa en un andami, als tallers, a les oficines, als hotels, a les escoles. La ciutat és, també, la ciutat de l'atur, de la pobresa i de la marginació. La ciutat és, també, la ciutat burgesa —i quasi tots ho som, una mica, nous rics, mossons de vol escàs—; la ciutat és, també, la ciutat antiga, tota de vells casals amb capitells corintis i sales bones, amb grandeses d'Espanya malencòniques i mústegues; la ciutat és, també, la ciutat turística, nocturna i febril, ajaçada en la seva festa d'alcohol, en l'aroma furtiu d'un bes d'amor. La ciutat és, també, la ciutat medieval de Ramon Llull, la de les folles fembres i la dels puticlubs. La ciutat és, també, la ciutat d'aquella dona d'es Call que pregava secretament les quatre mares d'Israel, la ciutat de les conspiracions, de la tortura... La ciutat de la Sang, la nostra, car la sang ha tenyit incansablement la història. Tanta sang com hi ha sota els nostres peus... Dalt la torre de l'Almudaina hi han penjat el cap d'un home i ha regalimat sang fins a migdia. Heu sentit parlar del pou de l'Inquisidor?

Al carrer de «sa mà d'es moro» hi havia la mà d'un esclau enamorat clavada a la paret. Diuen que una volta l'any, per l'aniversari del suplici, els dits fan moviment i es dobleguen. Les claus de la ciutat entregades al cavaller d'Aspheld, són, també, la ciutat; el símbol d'un poble desmantellat i agònic. La ciutat també és dona Obdúlia de Montcada, i «es marquès de Collera», i donya Juanita, i mestre Lluc... i sor Tomassa. (Tots hem estat alguna vegada sor Tomassa, però no sabem quan). La ciutat és definitivament un projecte: una proposta àvida de futur en la base de la qual es belluga tot quant s'ha escapat de la mort, aquelles coses que estimam de veritat, perquè romanen al substrat més íntim de la nostra existència. Potser no són altra cosa més que les restes d'un naufragi, material d'enderrocament o de desguàs, deixalles a la vorera d'una autopista, el poble que ha viscut llargament sobre aquest territori. Potser encara hem d'aprendre la forma de tornar-lo a visitar, aquest substrat, d'integrar-lo en el nostre projecte, de poblar els nostres somnis d'universos coherents. Perquè, en última instància, el projecte cultural que, més tard o més d'hora haurem de traçar per al nostre poble haurà de vincular-se a la història civil d'aquesta illa i a l'esquema de societat futura que haurem tingut el coratge d'imaginar. Aquest projecte, que jo voldria coherent, definit per la claredat dels seus objectius, haurà d'esdevenir una eina eficaç en la reconstrucció nacional del nostre poble, basada en una política decidida i enèrgica de normalització lingüística que retorni a la llengua d'aquesta terra —«el pus bell catalanesc del món», segons l'expressió de Ramon Muntaner— l'energia i la vitalitat profunda que reclama una llengua moderna, vehicle de comunicació pública i de cultura. Que la ciutat esdevingui en si mateixa una proposta cultural oberta, constituïda en consciència de la col·lectivitat, en procés de cohesió, en instrument d'identificació col·lectiva, divergent i creadora; disposada a implicar-hi aquella imaginació que qüestiona la realitat i projecta l'impossible en un acte lúdic, lliure, del pensament humà. Una ciutat, la nostra, com una nau emproada a l'aventura.

(Pronunciat dia 31 de desembre de 1985
a la plaça de Cort de Ciutat.)

LA LLEGENDA DEL DRAC DE NA CÒCA

... Per veure fermat pel cos
penjat com una miloca
un animalot molt gros
que es deia «El Drac de Còca»
amb un barram d'aquí a allà
i una llengua serpentina.
—Quina por que em fa, padrina!
Quina por que em fa!

PERE D'A. PENYA

Pel carrer de sa Portella, quan cau la nit, la por s'escampa igualment que la fosca sobre les façanes dels palaus, entra dins les cases i penetra la mirada vigilant de la gent.

Quan les campanes de la Seu toquen per última vegada, perquè la tarda penja dins l'horitzó i el dia es clou, adesiara hom encén un llum d'oli davant un petit retaule, en un cap de cantó, que il·lumina tènuement l'obscura penombra de la nit. Llavors, ni una porta oberta, ni una finestra sense embarrar.

Diuen —el rumor creix com una taca d'oli i gela la sang— que un drac espantós compareix totes les nits al carrer de sa Portella, ataca els vianants i els destrossa. Hi ha qui assegura que alguns infants de pit han desaparegut del bres. Potser, el drac ha entrat a les cases i ha devorat les criatures.

Un vespre d'aquells arriba d'Alcúdia, d'on és governador, el cavaller Bartomeu Còc. El camí era llarg i ha arribat fosca negra. Entra a la ciutat —el portalà el coneix i no tarda a obrir-li— i es dirigeix a la finestra de l'enamorada, en un cap de cantó del carrer de sa Portella. Sota la nit densa, floreixen, tendres, les paraules d'amor.

El cavall eguina desesperadament. Els ulls lluents del drac —només els ulls— flamegen dins la negror, ni que fossin calius. El cavaller s'ha tret l'espasa i ha envestit la fera. Algú, el cor estret, ha sentit els crits de la bèstia abans de retre's definitivament a la mort.

El cavaller l'ha arrossegat fins a la finestra de l'estimada, el drac, i l'hi ha ofert com si fos un trofeu. Potser a la dama li ha comparegut el plor a la punta dels ulls.

De matinada, quan l'alba dilueix la fosca i el dia clareja, la pluja —una mica de pluja— esborra del trespol la sang verda del drac.

1 de gener

CAP D'ANY

S'acaba l'any i comença l'any nou.

A molts de pobles, el dissabte de Cap d'Any, després de Completes, començava el ball. En deien, a Artà, el «ball del Bonjesús», i la gent es congregava en una de les cases més grans de la vila al so de les guitarres i del guitarró.

El dia de Cap d'Any, a les esglésies, el rector anunciava el moviment demogràfic que hi havia hagut al poble durant l'any que acabava de finir: tants d'homes morts, tantes dones, tants de naixements, nines o nins, tant d'augment...

Durant l'ofici major de Cap d'Any es repartien amb la col·lecta estampes de colors amb la figura de tots el sants. L'atzar posava dins les mans de la gent l'estampa del sant que durant tot l'any vetllaria per aquella persona, de la qual seria el patró. Hi havia llocs on les estampes portaven escrit el nom d'un difunt del poble, la mort del qual s'havia esdevingut durant l'any passat. En rebre l'estampa, cadascú passava un parenostre en sufragi del difunt que li havia tocat.

Després de dinar es cantaven vespres i completes i, en acabat, començava la processó pels carrers i les places.

Per Cap d'Any la gent procurava fer-se amb el «Pronòstic», perquè era necessari conèixer les prediccions i els auguris d'aquell any, el ritme del temps i les llunes, a vegades escrits amb la gresca enfilada a la punta dels llapis.

Aquestes dècimes —dècimes desbaratades—, publicades al periòdic *Santanyí,* el desembre de 1960 per Bernat Vidal, apotecari de la vila i endevinader, pertanyen al:

JUDICI DE L'ANY PER A 1961

Si sa lluna de Gener
fa tres gelades seguides,
veureu sortir petgellides
per ses soques d'ametller.
Dia trenta de Febrer
mirau el cel ben arreu:
si veis dos niguls en creu
i sou home de negocis,
no compreu forats de cossis
o vos ne penedireu.

Es Març pot esser un bon mes;
però mal senyal seria
si es sol sortís a migdia
i pes Llevant se pongués.
Si per sort Nadal caigués
a devers mitjan Abril,
mouran tal guerra civil
ses llagostes eivissenques
que ses metles primerenques
aquest pic! 'niran a mil.

Es qui pateixi d'agrura,
pes mes de Maig vagi viu;
que si se menja un caliu,
se torrarà sa freixura.
Sa mala anyada és segura
si pes Juny fa neu vermeia.
També si sa llet d'euveia
a davers Pasco Granada
té gust de fava parada,
no és bona pes mal de ceia.

La tradició dels calendaris, almanacs i pronòstics es remunta als primers temps de la impremta. El més antic que coneixem a Mallorca és de l'any 1637: *Pronostich y Discurs General del Any del Señor 1637. Calculat per lo Meridiano de Barcelona y tot son principat de Cataluña y Mallorca.*

En un principi no eren més que simples llunaris. Després s'hi integraren les festes de l'any, els dies de fira, la predicció de les pluges, del fred, les sequeres i les collites. Cançons i refranys que expliquen quan farà mal temps, si l'hivern serà llarg i l'estiu calorós.

El Pronòstic indicava quan era bona lluna per sembrar les faves, que el porc ha de matar-se i les ovelles han de tondre's en lluna vella... Que el llevant porta l'aire fresc, el xaloc, humit, el migjorn, calent, el mestral, ventós, que la tramuntana porta pluges i el gregal, l'aire fred.

Sovint els pronòstics tenien una secció humorística, on s'explicaven acudits o es reproduïen gloses de picat, a vegades, sense que s'escapàs de la sàtira el pronostiquer:

Compost per qui no en sap fer,
n'ha sabut ni en sabrà mai,
i per fugir des trebai
s'és alçat pronostiquer.

Un pronòstic famós fou, en temps passat, el de mestre Pere Esperança, teixidor d'ofici.

Va néixer a Felanitx dia 14 de juny de 1634 i va deixar escrit el conegut *Pronòstic Perpetu,* publicat per la Impremta Guasp de Palma al 1859, les prediccions del qual arriben a l'any 1999.

La fama de mestre Pere Esperança es deu als múltiples encerts que tingué en la predicció de pestes, guerres i sequeres. Diuen que també va endevinar la data en què succeiria la seva mort.

6 de gener

ELS REIS

Arribaven de nit, els Reis. L'endemà, sempre hi havia algú que havia sentit les potades dels cavalls i el trespoleig dels patges.

Sota el tapament, el pensament dels nins filava estels amb cua i carrosses abundoses.

Seguien un estel i travessaven planures blanques de neu, estepes i deserts fins que arribaven a l'illa per camins misteriosos, els Reis de llarga barba: n'hi havia un que tenia la barba blanca, un altre, rossa i el rei negre, naturalment, tenia la barba negra.

Els nins s'adormien pensant amb els mags.

De la poetessa Emília Sureda són aquests versos que tracten d'expressar la il·lusió dels qui esperen que arribin els Reis:

Els Reis ja arriben —ja són aquí!,
ja ses corones he vist lluir
dins l'ombra negra, ja sent trepig,
cavalls que eguinen, i veus, i crits...

Passaven en silenci i s'aturaven als balcons, a les finestres. Els patges portaven escales sobre el coll. Les finestres eren plenes de sabates amb faves i civada per als cavalls.

Els Reis deixaven ran de la sabata taronges mandarines, coques de torró, bessons d'ametlla, neules torrades... A vegades, també hi posaven un duro de plata.

I les joguines. Primerament, les joguines artesanals, després les joguines elaborades en fàbriques petites a partir de materials senzills: llauna, cartró, fang, fusta, ferro, roba, paper..., capaces de despertar la fantasia. Pepes, titelles, xanques, baldufes, pilotes, animals de cartró i de fusta i trens... Amb el temps, les joguines es mecanitzaren. Vingueren els autòmates. Després, les complexes joguines vídeo-computeritzades i tota la gamma electrònica de joguines.

En temps passat, els nins de Ciutat acudien a la porta de la murada, per on els havien dit que entrarien els Reis, i sonaven corns marins per cridar-los, i encenien torxes...

Modernament, el Reis arriben per mar i es forma una cavalcada amb bengales de colors que recorre la ciutat. La gent acudeix a «esperar els Reis» i els monarques somriuen als nins, misteriosos. També als pobles es fan cavalcades amb Reis que cavalquen cavalls i patges mascarats que llancen caramels. El glosador d'Artà, n'Antoni Ginard Cantó, àlies Butlé, es referia en l'Argument de la festa de Sant Antoni a l'abundós proveïment de presents que els Reis varen fer, l'any 1983:

> Que en dugueren de juguetes
> a dins es poble d'Artà:
> pepes per poder jugar,
> camions i bicicletes,
> cuines, tambors i trompetes,
> i tamborets de brodar.

Els Reis d'Orient —Melcion, Gaspar i Baltasar— tornaran a marxar, després de la festa. Partiran per les rutes de la imaginació i del misteri. Hom diu que portaven or, mirra i encens a la cova de Betlem. La llegenda explica que, en haver-hi arribat, l'estel va caure esmicolat sobre la terra i féu escampadissa d'esquerdes.

LA REPRESENTACIÓ DELS REIS D'ORIENT

Encara avui hom pot assistir, la tarda del dia dels Reis, en alguns pobles de Mallorca i en algunes barriades de Ciutat, a la representació de l'*Adoració dels Reis d'Orient*, un espectacle de teatre popular que ha sobreviscut fins als nostres dies i que manté la gràcia, la frescor i l'encant de les velles festes.

Es tracta, ben segur, de la supervivència d'una antiga tradició: la representació dels misteris medievals, tot i que el text en què es basen la majoria d'aquestes funcions —l'*Adoració de los Tres Reis Magos, novament adicionada per un aficionat*— és de l'últim terç del segle XIX. Però aquest text, alguns fragments del qual són encara vius en la memòria popular, sintetitza altres textos anteriors i integra en una sola peça, encara que de forma molt simplificada, quasi totes les parts del cicle de Nadal: el naixement de Jesús i l'adoració dels pastors, la degollació dels innocents, el cant de la Sibil·la, l'adoració dels Mags...

Segurament, aquest és un dels fragments més coneguts, conservat, encara, en el record de la gent:

Herodes.- Què te pareix, Secretari.
Ja hi puc anar confiat
amb un poble que està alçat
a favor des meu contrari.
Quin és es remei que hi ha
per jo mantenir sa pau?
Digau, general, digau
i al moment s'aplicarà.

General.- De seguida manaria
sense contemplacions,
degollar tots los minyons
de tres anys fins a un dia.

Herodes.- Estén, estén es decrets
segons diu es General.

Secretari.- Però, Senyor, i quin mal
li han fet aquells ninets?

Herodes.- Escriu, que poc t'hi importa
es que m'haja de costar
pes meu trono conservar
sa sang de tot aquest poble.

Però sobre aquell text, sovint s'hi han fet afegitons. A un poble han allargat l'enfilall de versos que recita el General en proposar a Herodes que siguin degollats els innocents, a un altre hi han afegit una escena de penediment del General, a un altre han agregat algunes quartetes que constitueixen un diàleg grotesc entre el dimoni i Herodes, una discussió entre els criats, o han prolongat la intervenció dels doctors de la llei consultats pel rei Herodes perquè li diguin si el Messies és nat i que resulta un dels episodis més còmics de la representació, esperat delerosament pels espectadors.

A s'Alqueria Blanca diu, el General, en tornar penedit:

General.- De sa total degollada
tenc un gran remordiment
perquè he mort tot innocent
d'una cruel espasada.
Per tot Betlem de Judà
el Messies cercaré,
perdó li demanaré
postrat, i m'escoltarà...

Però l'escena dels Doctors de la Llei no era l'única grotesca de la representació. «A Bunyola —escriu Antoni Riera—, *Els Reis* tenien una escena que no he vist a cap altre lloc. És la d'Arquelau, el fill d'Herodes, que es presenta al seu pare per a intercedir en favor dels innocents, tan injustament condemnats a mort. Com que el rei Herodes no li concedia cap perdó, Arquelau, presentat con un bon jove de sentiments molt nobles i delicats, s'acubava en veure la crueltat del seu pare. Llavors, venia lo bo. Anaven a cercar el metge. (...) L'escena del metge, tradicionalment, com la dels Doctors, era una escena de riure. I se'n deien, d'animalades! I tothom, ben satisfet, reia, fins a esclatar, les bajanades del metge improvisat. Encara record algunes gloses que, el mateix metge, com a receptes salutíferes, llançava cap al públic:

Li hem posat la prova blanca
i és sortida ben vermella!
Això és estat una ovella
que li ha mossegat s'anca.

Era que el metge havia posat com a termòmetre un pebre coent verd i n'havia tret un de vermell, ja preparat d'antuvi. Altres vegades per prova termomètrica n'hi havia que posaven un ràvec, el més gros que trobaven.

El drama, emperò, acabava sempre com havia d'acabar:

Criat segon.- Descans, vossa majestat,
que sempre el defensaré,
i si hi importa moriré
en el més cruel combat.
Res puc tragar ni sentir
contra mon rei i senyor.
Ánimo, emperador,
que havem de vèncer o morir.

Herodes.- Sí; hem de vèncer o morir;
però morir és lo més cert.
I ja veig l'infern obert
que vol fer festa de mi.
Veig el poble tot alçat
a favor d'aquest nou Rei
i a mi, com un trasto vei,
me tenen despreciat.
Ai de mi, desgraciat!
Mon cor pateix grans turments,
d'ençà que n'he decretat

la mort de tants innocents!
Sa sang sens dubte a los cels
contra mi crida venjança,
ja he perduda s'esperança,
tenc es dolors més cruels.
Sa corona em cau des cap,
es ceptro em fuig de ses mans,
i de ràbia en breus instants
moriré desesperat.
Oh, malhaja, no fos nat,
per tan cruelment morir!
Vaig a l'infern a patir
per tota una eternitat,
rabiós, desesperat!

(Surt el dimoni i el s'enduu entre flames)».

En les últimes dècades se n'han escrit diverses versions, de la representació d'*Els Reis*, com la d'Alexandre Ballester: *Reis i no reis*. Entre aquestes versions contemporànies, ajustada amb fidelitat als esquemes del text tradicional, cal esmentar l'*Adoració del Tres Reis d'Orient* de Llorenç Moyà Gilabert, publicada a Ciutat l'any 1966 i actualment representada en molts de llocs. El poeta ens explica les causes que el van moure a escriure els seus Reis: «En escriure jo, doncs, uns "Reis" novells, he volgut seguir la línia argumental i tots els trets característics de l'obra tradicional, conservant-hi, fins i tot, dues quartetes que se sap de cor més de mitja illa, però hi he suprimit fets i personatges sobrers i n'he incorporat d'altres. Cal afegir, però, que els dits personatges, endemés de recitar qualcom del que ja deien —tòpics imprescindibles—, exposen moltes coses més a la consideració dels espectadors d'avui. També he volgut esser fidel a la metrificació de l'obra popular —abunden les dècimes— i a la consueta oral de Binissalem, on jo vaig veure moltes vegades, d'infant, la tradicional representació. Vull dir amb això que, essent uns "Reis" del tot nous en moltíssims d'aspectes, poden equiparar-se als antics consuetudinaris».

Escena XXV

Criat A.- Herodes tot s'enrabia
perquè el Bon Jesús és nat.
Jo sempre m'ho he pensat
que el Dimoni el s'enduria
dins un talec foradat!

Criat B.- Preniu llum de na Pintora,
homos d'avui i demà.
Aquell que l'espasa acora,
sota espasa morirà.

És ben segur que antigament aquest teatre, centrat en els misteris de Nadal, era representat a l'interior dels temples. Posteriorment, i a mesura que la representació superava el sentit estrictament religiós i es convertia en una funció de caire festiu, abandonà les esglésies i ocupà els cadafals de les places públiques. «Potser cap peça de teatre religiós ha estat tantes vegades representada a la portada de les esglésies, a les places de les viles i a damunt els humils cadafals de les festes foranes», —ha escrit Miquel Ferrà i Martorell.

Tenim, emperò, algunes cròniques que relaten aquelles representacions. Pere d'Alcàntara Penya (Pep d'Aubeña) en fa referència en un article publicat a *L'Ignorància* dia 7 de gener de 1883 sota el títol: *Es dia d'els Reys*:

> «No fa més que mitx sigle que sa festa de demà (els Reis) era molt diferent de lo que és ara. Es truy era a n'es camí de Jesús que llavonses constituhia es gran passaitx de Ciutat (...) Llavò sa gran curolla de tothom era veure quant a ses quatre Campanes (...) s'ajuntàven el Rey Melsion, que venia de sa part de l'Hornabeque, el Rey Gaspà, que baixava de sa part d'Itria, y el Rey Baltasà, que sortia de dins Ciutat. Allà se saludàvan, se dèyan quatre gloses y seguían en comitiva cap amunt amb sa gran multitut de gent coriosa que corria derrera ells. En arribà a ca Dona Ayna trobàvan el Rey Herodes, que los demanava de noves amb unes altres gloses,

Una carrossa a les beneïdes de Manacor: pagès picant joncs.

Sant Antoni i el Dimoni a les beneïdes d'Artà. El Sant cavalca una somera, mentre el Dimoni li fa jutipiris.

Els porcells i les porcelles, a les beneïdes de Muro.

A Pollença, per Sant Antoni, la festa del pi.

El rector de Felanitx beneeix els animals i la gent.

La revetla de Sant Sebastià a Ciutat: música i bon recapte.

Ajuntament de Palma

La festa de Sant Sebastià a Pollença.

Les untures al coll, per Sant Blai.

Els darrers dies: la disbauxa i la gresca a la Rua de Llucmajor.

Disfressats i músics a la Rueta de Ciutat.

Tres disfressats a la festa de Montuïri.

Ornamentació festiva a la font de ses Tortugues.

L'enterrament de la Sardina als Darrers Dies d'Inca

Els botxins serren la Jaia.

La festa del Pa i el Peix al puig de Consolació de Sant Joan.

y los comanava que, quant se'n tornassen, l'enterassen de lo qu'hey hagués sobre el naixament de Jesús. Seguian els Reys darrera una estrella que duya un atlot dalt un bastó y allà en es Convent de Jesús acabàvan sa funció, tornantsen tots p'es camí de s'Infernet y per can Veta.

El Rey Herodes quant se veya burlat s'arrabassava sa barba postissa que duya, y es presencià aquest fet era sa delícia de tots els qui anàvan a veure sa funció, qu'éran tots els habitants de Palma».

Pel gener de 1902, un redactor de *La Roqueta* assistí a la Representació d'*Els Reys* a Establiments, prop de Ciutat. Vetací com la va descriure:

«Es decapvespre, baix un cel emboirat y un salistre finíssim, emprenguérem es camí d'Establiments, d'ahont mos havia arribat sa fama d'els Reys que representan els pagesos de aquell poble.

Per sa carretera anàvem trobant carruatges de gent ciutadana, carretons de possessió, amb sos trons de sa caixa.

A sa plassa de l'iglésia, demunt un'alta escalonada estava un trono, de domàs vermey i paumes.

S'acostà s'hora de sa representació, y a sa plassa hi acudí molta gent, omplint-la tota. Poc temps després devallava de dalt sa carretera el Rey Herodes montant a cavall, qui es possessionà d'es trono. Comensava s'espectacle. Tots els personatjes, joveneia d'es poble, posava es cinc sentits en el papé, y sa representació bíblica prenia cert perfum d'antiguea, per s'ingenuïtat d'els artistes y sa gent d'es poble qui escoltava en relligiós silenci y s'indignava si qualque estrany parlava fort y distreia (...)»

En les representacions actuals podem trobar una diversitat d'elements prodigiosament combinats en un resultat capaç de fascinar-nos: la màgica presència dels reis muntats en cavalls que persegueixen un estel, la ràbia enfurida del rei Herodes, ambiciós i sanguinari, la veu patètica de la Sibil·la, la comicitat grotesca dels doctors, el dramatisme de la degollació dels infants, la rebel·lió del secretari, l'esperpèntica aparició del dimoni entre flames i fum per endur-se Herodes... Tot això acompanyat d'anacronismes i gestos grotescs que intensifiquen i accentuen la comicitat.

Albert G. Hauf ens ha deixat la descripció d'una representació d'*Els tres Reis* que havia presenciat no fa gaires anys a un *llogaretxo de mala mort*:

> «Obria la marxa el rei Gaspar —que era xarnego—, ben eixancat damunt el cavall blanc del cotxe dels morts, declamant amb un inefable accent andalús:
>
> Ro aniré a zercá
> pero ara er boy a adorá
> con ezperit i de cor...
>
> No calia dubtar gaire de les seves paraules, perquè el rei Baltasar (un barber que, per manca de batlle, capellà, mestre i caporal de la Benemèrita, era, per autodefinició, la força viva permanent), abans de recitar la seva part:
>
> Per una amor tan ardent
> en què estic tot abrasat...
>
> va haver de treure el reveixí per arrabassar de les mans taumatúrgiques del seu col·lega el barralet de cassalla, que també reclamava la seva devoció:
>
> Ador ja en aquest moment...
> (i s'engolia una bona tímbola)
> tan suprema majestat;
> (Pausa i, glec-glec-glec, altra bona tímbola)
> lo cercaré apressurat...
>
> Però ara, qui tenia més pressa era el tercer rei, En Melcion, sortint tot envelat de darrera un cantó del convent de les monges blaves a peu (per no perdre temps pujant al cavall), rossegant els

esperons i fent de la garra pota, de por que aquells dos companyons seus no n'hi deixassin ni allò que es diu una mala gota!

I quan, minuts més tard, després de fer un parell d'inclinacions cap endarrera, s'asseia a la biorxa damunt el cavall i cridava com un desesperat:

Estic com a transportat
de contentos i alegries...

mentre amb una mà s'eixugava els llavis i la barba postissa, i amb l'altra arruixava les mosques vironeres de les orelles del seu "Rocinante", que aguantaven, com millor podien, dos criats vestits de soldats d'aviació, un s'adonava que l'èxit de l'obra estava ben assegurat!

Seguia després un detall al·legòric, tan genial que no sé qui dimoni se'l degué inventar, ja que no figura en les indicacions escèniques. Fos qui fos, la cosa tenia empenta calderoniana: una nina tota bufarella, amb el vestit blanc de la primera comunió, anava davant els tres reis, amb una estrella daurada de cartó penjada d'una canya. Poc abans d'arribar al cadafal, "l'estrella" es va esvair de sobte, com l'ànima d'En Robert.

De la resta: el majordom semblava un cambrer distingit. El rei Herodes feia carusses i jutipiris a tothom, enrevoltat de la patuleia. Un dels savis de la Llei vestia uns balindrangos i una musseta de capellà, color d'ala de mosca; duia capell de teula i passejava un volum enquadernat de "tebeos" de Roberto Alcázar, síntesi de la cultura del moment. Els altres dos, amb ulleres de fil de ferro i unes pinyarres ferestes de cartó anaven carregats de toms de "La Hormiga de Oro", "Blanco y Negro", i revistes similars, que servien per a il·lustració i entreteniment a la botiga del barber. Un criat anava a cercar i portava els tres clergues dins un carretó de mà, d'aquests d'una roda, i corria, fent esses per mig de la concurrència. Després, tiraven junta, tots plegats, a un costat del cadafal, cercant les profecies de Miquees; però allò que de fet cercaven eren gravats i fotografies d'artistes de la "belle époque" o de cupletistes lànguides del temps del xarleston, que mostraven triomfalment a n'Herodes i companyia, fent l'ullet i rascant-se el clatell:

La profecia aquí està
si vol, bé la pot llegir...»

La figura central de la representació era, sens dubte, el rei Herodes. A vegades, el paper d'Herodes es mantenia en exclusiva durant molts anys, ni que fos un patrimoni adquirit en heretatge. «Quan a una vila —escriu el folklorista Antoni Galmés—, en sortia algun de bo de bon de veres per fer el Rei Herodes, el solia fer molts anys i, si tan bo era, feia córrer la gent dels pobles veïnats per veure'l i sentir-lo. La qualitat que havia de tenir un bon Rei Herodes era la d'enfadar-se molt bé, o sia, fer trossos un parell de taules a força de cops de massa o ceptre, que havia d'esser un bon tronc d'ullastre i, a més, fer grans esperonetjades quan el dimoni el se n'enduia».

De la diversitat d'elements que es posaven en joc en la representació en sortia, encara en surt, una diversió viva i espontània. Tot plegat, una festa capaç d'exercir, encara que fredegi, l'horabaixa del Reis, un poder irresistible de convocatòria.

FANTASIA I MISTERI DE LES VELLES JOGUINES

Encara vaig esser a temps de jugar amb les velles joguines: les bolles de fang, la baldufa, la pilota de cuiro, el cèrcol, el molí de paper de barba acoblat a un albó, les xanques que construïa amb dos pots de llet condensada (foradava els pots, passava una corda pels forats i m'enfilava sobre aquell pam de llauna, disposat a mesurar la meva alçada amb els homes, mentre marcava durament les passes sobre l'enrajolat). Vaig tenir una baldufa embruixada que sempre s'escapolia de les escomeses dels altres, i cap no n'hi havia com ella per pegar polls. M'havia fet el clau, cantellut i afinat, mestre Colau, el ferrer de la placeta d'es Sitjar. La tia Antonina m'explicava com eren les joguines amb què havia jugat, quan encara era nina: les pepes de canya amb el cap de patata, la gàbia de faies, els ninots de pedaç... I els dits: «dit-pellerit-cama-cama-de rupit...». I la cara: «ull per ull, nas per nas...». Els dits, i les mans, i els braços, i la cara varen esser, juntament amb els sons embullats de les paraules, les primeres joguines. Els nins temptegen els sons mitjançant el joc i exploren la llengua. Vaig conèixer dues dones que feien juguetes i elles ompliren el meu cap de fantasies, d'imaginacions subtils i de quimeres: dona Rosa Jaume, de Can Dinaret, i sor Victòria. Dona Rosa sempre tenia un munt de papers de diari ben tallats, a punt de fer-ne, a força de doblecs, una abundor d'ocells, de vaixells amb fumerals, de carros envelats, de granots i cavalls. Sor Victòria construïa naus i tamborets de cartró folrat d'indiana i canaris grocs penjats a una canya. Tot l'any els fabricava perquè servissin de premi als al·lots de la Doctrina. Quan venia l'estiu i s'acabava el curs —era la tarda d'un diumenge de juny— acudíem a l'església i esperàvem —el cor ens bategava sota les ales— que el rector ens cridàs pel nostre nom. Només aquell dia, la capella del Cor de Jesús era plena de les joguines que feia sor Victòria i, sota la llum multicolor dels finestrals, les barques, els tamborets i els canaris grocs adquirien sobtadament un estrany misteri.

Llavors, qualsevol cosa podia esser una joguina: la canya d'una granera, una cadira amb la bova esquinçada, la cobertora d'una capsa, un tros de roba vella tota de flors... Les altres joguines, aquelles que sorgien de la revolució industrial, produïdes en sèrie i a l'abast de tothom, arribaven al poble sobre els prestatges de les barraques de lona dels firers: cavalls de cartró, pepes, carteres d'anar a escola, cuinetes, botadors amb campanilles, carros de fusta, pilotes de goma..., i la vigília de la festa dels Reis d'Orient. Passaven, de nit, sobre els cavalls, els Reis, i tallaven el silenci. S'aturaven a les finestres de les cases i als balcons. Recollien la mica de menjar que els al·lots havíem dipositat dins la sabata per als cavalls: una embosta de faves, una mica d'ordi, i deixaven, a canvi, les joguines. Més d'una vegada vaig creure que els sentia passar, els cavalls dels Reis, dins la nit obscura, sota la fosca vella. Més d'una vegada vaig percebre el pas silenciós de l'estel, sota la volta negra.

Tres o quatre dies abans de la festa, la botiga dels meus pares —era una botiga de roba i veníem vestits, calçons, davantals, paraigües i llençols— s'omplia de joguines. Eren joguines populars, no gaire cares, algunes de les quals he retrobat avui venturosament recollides en la bella col·lecció que ha aplegat Ton Roig: pepes de cartró, pallassos que toquen els platerets només que els pitgis a la post dels pits, màscares de Carnaval, escopetes, pianos, poals de llauna, trompetes, motoristes, conills que salten, trens, cotxes, camions de bombers, barques de fusta... Durant hores, la gent comprava les joguines d'amagat dels al·lots i l'endemà, quan l'alba creixia als carrers del meu poble, aquell tresor s'escampava per les finestres de les cases, ni que hagués caigut de l'aire del cel.

Com tants d'altres infants del meu temps, vaig tenir una tia a Veneçuela. Un any, poc abans de Nadal, m'envià deu duros i a mi em va semblar tot un tresor, aquell capital vingut de tan lluny. Pocs dies després vaig davallar a Ciutat amb els pares i compràrem una màquina de cine Nic a La Filadora, que ens va costar trenta-sis pessetes. Amb les catorze restants vàrem adquirir algunes pel·lícules de «periquitos», perquè la gent en deia «periquitos» dels dibuixos animats. I així fou com va entrar en la meva vida la il·lusió de les imatges en moviment.

Hi havia també les joguines mecàniques. Eren quasi sempre joguines de llauna: motoristes que corrien entre les cames, vaixells i canoes, músics que somreien i movien els ulls mentre tocaven, tramvies, l'home del paraigua, com desprès d'una pel·lícula muda, motos amb sidecar, cotxes i tancs... I els soldadets de plom... I els trens... I les pepes. El món fascinant de les pepes que dormen, que riuen, que ploren, que canten...

Les velles joguines que estimularen la imaginació dels nins i provocaren la realitat múltiple, festiva, joiosa dels jocs, que permetien recrear l'existència dels homes.

És a través del joc que la cultura viu i pren forma. Per això les joguines ens parlen d'allò que són els homes —joguines que fan música, joguines que parlen, d'altres que volten, d'altres que corren, incansables—. Però aquest és el misteri de la màgica fascinació que exerceixen. Aquesta és la seva continguda bellesa.

16 de gener

SANT HONORAT

Patró de la vila d'Algaida, Sant Honorat enceta les grans festes post-nadalenques, vinculades a la disbauxa efervescent dels darrers dies, que no tardaran a arribar.

La vetlla de Sant Honorat la gent encén foguerons pels carrers i la música toca enmig de la plaça. La llangonissa, el vi, la ximbomba... Fa fred, anit, i la lluna de gener és blanca com un plat de pedra. Els ametllers floreixen dins la plana.

La diada del Sant, els Cossiers ballen dins l'església la dansa de l'Oferta. Després, al carrer, «Flor de Murtra», «Mestre Joan», «Els Reis», «sa Dansa Nova»... fins al final de «sa Titoieta», en què la Dama tomba el Dimoni i el trepitja. Llavors, els Cossiers no tornaran a ballar fins per Sant Jaume, al cor de l'estiu.

La devoció a Sant Honorat arribà amb la Conquesta, i l'antiga ermita, a la muntanya de Randa, alçada sobre el grandiós capserrat de migjorn, fou construïda per Arnau Desbrull, noble cavaller que havia deixat el món per fer vida ermitana, a les darreries del segle XIV. El pare Gaspar Munar ha escrit, referint-se a l'ermita de Sant Honorat i a aquell ermità primerenc que l'habità: «Amb molt d'encert l'Ermità Desbrull escollí la part extrema del Puig, la més arrecerada dels vents de tramuntana i mestral, la que mira a migjorn, damunt un soberg penyal tallat a plom de prop de 450 metres d'altària, i que és com un balcó del cel damunt la terra. Just baix s'estén la gran planura de Campos i Llucmajor, i més envant, la immensa mar amb l'illa de Cabrera, que es destria, entre la boirina, com a dormida damunt les ones».

El diumenge següent, el poble puja a l'actual oratori, sobre el solar de l'antiga ermita. Durant l'oferta es reparteixen els panets de Sant Honorat i la gent canta els goigs i fa festa.

Un glosador algaidí, mestre Magí Pou de Son Dulei, invocava el sant —era l'any 1949— amb aquests mots:

Sant Honorat gloriós,
donau-mos anyada plena,
de lo bo dau-ne a balquena,
de lo dolent 'llunyau-mos.
Noltros confiam en Vós,
que Vós per noltros feis ronda,
amb una voluntat fonda
demanam salut i pa,
que, en haver-hi què menjar,
es bestiar sol fer bonda.

17 de gener

SANT ANTONI ABAT

La festa de Sant Antoni *dels ases* fou una de les més populars de la Mallorca antiga. Encara avui, no gaire allunyada de les grans solemnitats de Nadal i a les portes dels *darrers dies*, disbauxats i burlescs, la diada de Sant Antoni, el sant eremita, constitueix la festa major de l'hivern.

En temps passat, la novena del sant congregava la gent durant nou vespres seguits i esdevenia la preparació de la jornada festiva. La capella resplendia de llum com si de sobte el sol hagués vingut a recerarse en aquell petit clos. El predicador esfilagarsava la vida del sant anacoreta amb paraules ardents com qui explica una història vella, exemplar. Seria interessant recollir allò que en queda en la memòria de la gent pagesa, d'aquella vida. El teixit hagiogràfic que la imaginació ha bastit a partir del relat dels sermonaires. Ben segur que aquelles històries de sants i de dimonis estimulaven la imaginació dels oients, mentre feien reviure les seves fantasies.

Sant Antoni escollí la vida de la penitència. Deixà les riqueses per Déu —ell que hauria pogut viure a boca què vols, cor què desitges—, donà tot quant tenia als pobres i partí a la soledat dels deserts d'Egipte, on visqué pobrament amb contínua renyina amb el Dimoni. En aquell lloc n'hi havia d'altres, d'ermitans. Diuen que Sant Antoni els visità tots i tractà d'aprendre la virtut que més excel·lia de cadascun. També visità Sant Pau de Tebes, el primer ermità que vivia ran d'una muntanya, en una cova, prop d'una palmera i d'una font, cobert de fulles que li servien de vestit. Cada dia un corb li davallava mig pa del cel perquè pogués alimentar-se. Quan s'acostà l'hora de la mort, dos lleons acudiren des del fons del desert al seu costat, llargues les cabelleres, els lleons, fins damunt el coll, i acariciaren el cos del vell amb les cues, mentre rugien tristament, perquè aquell era el seu cant funerari, i li cavaren la tomba amb les seves urpes. Després, aquells lleons s'acostaren a Sant Antoni i li besaren les mans, mentre els beneïa.

El desert era, inevitablement, el lloc d'encontre amb el Dimoni. La paraula dels predicadors —com en un teatre d'ombres— recreava màgicament la terrible peripècia de les temptacions: el Dimoni li representava la felicitat que el món dóna als seus seguidors, les delícies suaus de la carn, la bona vida i els plaers. El sant, emperò, responia amb oració i disciplines a les seduccions d'aquells dimonis que li compareixien disfressats de senyora, els cabells tenyits de ros, les ungles pintades, el vestit tot de lluentons i escotadures. Així i tot, emperò, no podien amagar la seva realitat. De davall el vestit, sovint els guaitava la cua, o apareixia una banya mal dissimulada sota la perruca, o a l'hora de transformar-se en la senyora provocativa s'havien oblidat dels potons de boc, que apareixien enfundats en unes sabates amb tacó, lluents de xarol.

En l'austeritat del desert li compareixien altres joves que volien seguir-lo: una multitud de deixebles disposats a imitar-lo. Aviat, emperò, «aquells deserts hòrrids poblats de lleons i alimanyes —escriu el pare Rafel Ginard— foren tramudats per la glòria del Sant Esperit, en praderes de lliris incontaminats, en un vast colomar rumorejant de pregàries, en un rusc immens on cada asceta hi elaborava i refinava la mel de les virtuts sota el mestratge de Sant Antoni».

Sant Antoni —no ens ha d'estranyar— era un sant miracler. Tenia domini sobre els animals, els guaria les malalties i caminava per damunt les aigües, expulsava els dimonis del cos de la gent i era transportat pels núvols i pels àngels d'una banda a l'altra. Posseïa, també, la facultat d'endevinar les coses a distància.

La música de l'orgue irrompia furiosa. La gent cantava els goigs del sant:

Sant Antoni gloriós
de Viana anomenat,
siau nostro advocat
de tot perill guardau-nos

I acabaven:

Diguem: Visca Sant Antoni,
que l'Infern fa tremolar[1]

A Artà, durant la novena, els al·lots es posaven màscares de dimoni, enfilaven picarols i cascavells en una cordellina que se cenyien a la cintura i tocaven un corn marí pels caps de cantons, entre salts i cabrioles que anunciaven la festa.

La gent cercava la protecció del Sant perquè quasi tota l'economia dels pagesos quedava sota el seu empar; per això aferraven l'estampa a la porta de les païsses i de les solls, perquè espantàs les malalties i les pestes. No és estrany, doncs, que la majoria de les gloses que cantaven a les beneïdes davant la imatge de Sant Antoni invocassin la seva assistència i el seu favor. Diu una cançó que féu en Sebastià Vidal (1888-1966), glosador de Cas Concos des Cavaller:

Es negocis mos van torts,
com s'abre que perd sa brosta:
Sant Antoni, per ca nostra,
cada any s'hi moren es porcs.

---

[1] Dels *Goigs a Sant Antoni Abat* que es canten a Manacor, la diada de la festa del Sant.

Feis que estiguin bons i forts,
sans com sa porcella vostra.[2]

En la festa de Sant Antoni s'ajuntaven —potser encara hi són presents— el ritual ancestral: els foguerons, la disbauxa del vi, les cançons eròtiques, els dimonis a lloure; la llegenda: les velles històries, la benedicció dels animals; la tradició cristiana: el Sant asceta del desert i la penitència.

La vigília de Sant Antoni és nit de festa arreu de l'illa i el foc n'és segurament el principal protagonista. La nit de Sant Antoni és, també, la festa del foc. A sa Pobla, després del cant de Completes, la gent comença a encendre els foguerons pels carrers i les places. El foc, diuen, aparta els mals esperits. Surten les comparses i s'enceta la gresca. Ressonen les ximbombes i canten. Quan comença a haver-hi caliu s'acosten al foc amb la intenció de torrar els productes frescs del porc: botifarrons i llangonissa. El vi no es pot plànyer. La gargamella necessita que l'untin. La gent menja espinagades, els pastissos d'espinacs amb anguila de s'Albufera propis d'aquest dia. A vegades, la coentor crida el vi novament. I la veu galeja.

A Manacor repiquen les campanes després de dinar, surten els dimonis i ballen, incansables, davant l'Ajuntament, per les tavernes, pels cantons i les places. Encalcen les al·lotes, que gisquen i criden perquè el dimoni les vol agafar. Després de Completes, el dimoni gros encén els foguerons i les campanes repiquen de bell nou perquè la gent també els encengui, arreu del poble.

També a Artà els dimonis anuncien que la festa comença. L'Obreria parteix cap a Completes des de la casa del trull —la casa d'un obrer— amb la banda de música i els dimonis. La gent beu —«beuen més que un clot d'arena», escriu el pare Rafel Ginard— i les cançons fiblen. En arribar als foguerons escampen la caliuera, els dimonis, i fan ganyotes, i contorsions, i jutipiris, mentre s'allunyen. «Escamots de jovenalla van a trescar tumultuosament —continua— els foguerons des de Na Crema i Na Caragol al carrer de les Barraques, des de Santa Ca-

[2] La va transmetre el seu nét, en Guillem Monserrat i Vidal, l'any 1986, que l'havia recollida per tradició oral.

talina a la costa de Can Tomàs, rapant una mala guitarra o inflant els corns».

La funció dels dimonis és, durant la nit, vetllar per la bona marxa del foc i marcar el cercle màgic on té lloc el ritual de la festa. Un ritual vellíssim, gairabé tan antic com l'home. «Pareix probable —ha escrit Gabriel Genovard— que l'inveterat costum dels nostres dimonis locals de perseguir i importunar amb la canya-fel·la les jovenetes sigui encara una pàl·lida ressonància del ritual de persecució (i, sovint, violació de les donzelles)». Hom ha vist en la canya-fel·la que branda pomposament el dimoni gros d'Artà un antic símbol fàl·lic. Salten, els dimonis, sobre les fogueres, mentre cerquen trastornar les fadrines. Adesiara, una tímbola d'herbes. O un tros de coca de Sant Antoni, estufada amb tallades.

La diada del sant és atapeïda. A Artà, la cavalcada és el matí. Els cavallers van en cos de camisa blanca i porten un mocador de seda pel coll amb la punta endarrere i una faixa vermella a la cintura. Els estols —antigament n'hi havia un de cada possessió amb el carritxer muntat en un ase vell, que precedia la comitiva— es reuneixen al coll de n'Abrines, des d'on s'organitza la cavalcada. Davant de tot, les banderes; llavors l'Obraria i Sant Antoni muntat en una somera, i els dimonis que li fan impertinències, tot simulant les temptacions. Li fan jutipiris, l'estiren, li prenen el llibre i el fan caure de la cavalcadura, mentre la gent riu. El sant els fa una creu i els espanta, però tornen, i ballen, i salten, i fan jocs a tothom. Rere el sant, la música, els glosadors i els cantadors de s'Argument. Per últim, la cavalleria, cap a les beneïdes de Sant Antoni, a la plaça. Després de l'ofici, el refresc a la casa del trull i s'Argument, mentre els dimonis van a lloure pel poble.

Constitueixen s'Argument una sèrie llarga de cançons —devers setanta— de sis versos de set síl·labes i amb tonada pròpia. Es tracta d'un glosat en el qual s'expliquen —com si fos una crònica— els principals esdeveniments que succeïren durant l'any que just acaba de cloure's. Es comença per demanar la inspiració i el permís a l'autoritat; llavors vénen les tormentes, els aiguats i les ventades, el resultat de les collites, les desgràcies que han assolat el poble o les persones, els treballs que hi ha hagut, les bregues, les obres públiques i el moviments de la població: naixements, matrimonis i defuncions. Compost per un glosador del poble, l'ensenya als cantadors —una estona d'assaig cada vespre, durant prop d'un mes—, que llavors canten una vegada i una altra sense assossec pels carrers, per les cases i per les tavernes. Arriba que «la tonada us persegueix», diu el pare Rafel Ginard. El que té més bona memòria i més bona veu és el cap de la colla:

—Voleu sentir s'Argument d'enguany?

S'Argument és la crònica rimada d'un any d'història, de la petita i quotidiana història local.

Aquestes estrofes que vénen a continuació són de s'Argument del 1921, l'any en què s'havia inaugurat el tren, i que havia compost en Joan Sansó, glosador d'Artà:

S'hora que es tren arribà
feren senyal ses campanes
i no acabaren ses ganes
ses músiques de tocar
i a molts sentírem cridar
visques per don Rafel Blanes.

...

Amb so tren comparegué
un sens fi de personal;
recordareu cada qual
que el Bisbe i tot hi vengué;
es Governador també
i es Capità General.

...

Cent i nou de naixement
que arribaren a baptisme,
quaranta-quatre es va escriure
que prengueren estament,

i deu n'hi hagué d'augment,
noranta-nou morts en firma.

...

Al final, s'Argument dóna el nom del glosador que l'ha compost:

Seixanta cançons hi ha
escrites a s'escriptori
apuntades dins s'histori
d'en Joan Sansó d'Artà.
Diguem tots per acabar:
Visca, visca, Sant Antoni!

Mentre, els obrers passegen la bacina entre la gent, que no plany una pesseta al Sant que fa festa.

Enmig de la plaça Nova de Son Servera es representa l'encontre de Sant Antoni i Sant Pau. El vell ermità roman en una barraca de brancatge de pi. Arriba Sant Antoni, que ve de la plaça de Sant Joan, i ambdós sants s'abracen. Llavors, d'un balcó, penjat per un fil, davalla un corb que els porta un pa sencer, mentre els dimonis rodolen, confusos, pel trespol. El paper de Sant Antoni ha passat de pares a fills com un patrimoni. Acabada l'escena, tots plegats (Sant Antoni, el dimoni, Sant Pau, la música i la gent que el segueix) es dirigeixen a les beneïdes. També a Biniamar s'ha representat durant anys un acte semblant. El corb davallava del campanar per un fil de ferro fins a l'empostissat. Portava un pa a la punta del bec que anava a caure a les mans dels dos anacoretes.

A Montuïri, la representació de *Sant Antoni al viu* a la plaça de la vila tenia lloc l'horabaixa del dia de la festa. Es tractava d'un text en vers sobre les batalles del sant amb el dimoni, compost per dos glosadors del poble en la segona meitat del segle XIX.

Segurament, les beneïdes de Sant Antoni han constituït una de les parts més vistoses de la festa: carretades de gent jove, carros emmurtats, cançons i guitarres:

Sant Antoni, Sant Antoni,
Sant Antoni del porquet:
a ses velles fa carotes,
i a ses joves fa s'ullet.

Passa un pastor amb la guarda d'ovelles, es lleva el capell i cau la ruixada ritual de l'aigua. Algú porta un ca amb una monya de paper de seda. Un porquer arriba amb la truja, un altre hi porta el mul, un altre el cavall... També compareixen els glosadors, que al sant li agraden les gloses avengudes:

Oh, gloriós Sant Antoni,
ja torn esser per aquí,
que l'any passat vaig venir
hi ha més d'un testimoni.

Vaig venir a fer-vos esquera
si el «gordo» havia fallat,
però no havia arribat
sa neu de la Candelera.

Tot això deixem-ho anar,
lo que és estat sia estat;
un assumpte interessat
vos volia consultar:

Sant Antoni gloriós,
allà per Alexandria
quan el dimoni sortia
com vos defensàveu Vós?

I després a la Tebaida,
que vos envestia igual;
però ara hi ha més mal,
ja envesteix aquí, a Algaida.

I sa darrera vegada,
quan me creia estar salvat,
el vaig veure de costat:
venia a la desbandada.

I me va dir: Ah bergant,
pareix que ja no m'esperes.
Vàrem fer unes carreres,
ell darrera, jo davant.

I ara no l'he tornat veure
ni vull preguntar per ell;
el dimoni és un bordell,
no l'enyor, em podeu creure.

Ara trob convenient
una bona beneïda
per salvar-me aquesta vida,
que de recanvi no en tenc.

Vos ho deman ben formal,
que m'heu de beneir bé,
res d'això de salpasser,
el que manco, mig poal.

Ja fa tres pics que m'encalça,
però no m'ha embolicat
perquè sempre m'he salvat
per sort, per sa porta falsa.

No ve a un tassó de brou,
no farà falta per beure;
l'any que ve vos vendré a veure
si enguany no tenc res de nou.[3]

A Ciutat la devoció a Sant Antoni es remunta als temps de la Conquesta. La Confraria del benaventurat Sant Antoni de Viana dels hortolans de l'Horta de Ciutat data de 1361. Antigament, la festa se celebrava a l'oratori de Sant Antoniet, vora la porta de Sant Antoni. L'any 1821 començà el costum de rifar un porc, el més gros que podien trobar. El passejaven per tota la ciutat en un carro i l'acompanyaven les xeremies, el flabiol i el tamborí. Els guanys de la rifa anaven a parar a l'hospital dels atacats de foc de Sant Antoni, contra el qual el sant també és advocat. Pere d'Alcàntara Penya n'ha esbossat un bell apunt a *La rifa del porc*:

—Hooooo... hiiiii...
Tirurirena, tiruriii...
—El porc se rifa
¿qui vol dur-hi?
—¡Hala! qui hi posa
an el porc gras
de Sant Antoni?
—Pren-ne un, Jeroni,
demà el treuràs.
—Vaja una joia
que t'enduràs,
un porc que pesa
uns deu quintàs.
—Hoooo... hiiii.
Tirurirena, tiruriii...
—Qui el vulgui treure
que véngui a mi.

[3] Les va fer el glosador algaidí mestre Magí Pou de Son Dulei per la festa de Sant Antoni de 1957. Han estat recollides per Víctor Mulet i Mas.

Actualment, a Ciutat, les beneïdes de Sant Antoni es fan al carrer de Sant Miquel, prop de migdia. El capellà, capa pluvial i salpasser, es col·loca en una tarima davant l'església. Passen els xeremiers, un cotxe enflocat, dues nines vestides de pageses, mitja dotzena de senyores estrangeres que fan la capta a benefici dels cans abandonats, unes mestres amb els nins de l'escola —potser són els més petits de tots—, una senyora amb un paner ple de moixos, la banda de música, el Centro Canino de las Baleares, els fotògrafs... El capellà barreja els al·lots perquè li tiren empentes. La gent crida i els nins s'alcen de puntes per veure la festa.

A Pollença, la festa de Sant Antoni és sobretot la festa del pi. El dissabte, la gent parteix a una de les pinedes del terme —d'una sèrie d'anys ençà el pi procedeix dels pinars de Ternelles— a cercar el pi. Hi van joves i vells, al·lotes i al·lots que hi acudeixen fent gresca, mentre sonen les xeremies i el tamborí. «El pi de Sant Antoni —ha escrit Miquel Bota— és una cucanya pollencina, amb segles d'antigor, que devia tenir un sentit de torneig amorós. Els jovencells de Pollença que lluitaven per pujar a la copa cimera del Pi —que sempre sol fer de divuit a vint metres d'altitud— demostraven la seva destresa, força i coratgia, per fer-se amb el trofeu: un gall, col·locat al cim de l'arbre. Motiu heràldic que té significança de poder».

Ben escorçat el tronc i ensabonat amb suc de figuera de moro, blanc d'ou o sabó fluix, el pi de Sant Antoni és dreçat a la plaça Vella. Llavors, la gent jove comença a intentar la pujada. El sabó els fa tornar enrere i rellisquen els més agosarats. La gent riu i crida, tot animant aquells que més s'hi aferren. Qui arribi al petit ramatge se'n durà el trofeu: un gall, símbol de la vila. I símbol, també, de la primavera llunyana, del sol que es desperta perquè la vegetació creixi mentre reneix la vida.

En acabar el joc, la festa continua a Can Moixet, que bé ho paga brufar-la, la victòria, i és hora de beure una xicra de seca o d'aiguardent.

La popularitat de la festa de Sant Antoni, vinculada a la festa del foc i al culte de la vegetació, féu que la figura del Sant passàs a la memòria del poble dotada de poders infinits. Una vella sentència, —gairebé herètica—, afirma:

De la Trinitat major
Sant Antoni forma part.

I una altra, que tracta d'explicar la freqüència amb què abunda a l'illa el nom del sant que guarda els animals de pestilència, diu:

De Tonis, Peres i ases
n'hi ha per totes ses cases.

20 de gener

SANT SEBASTIÀ, MÀRTIR.
PATRÓ DE LA CIUTAT DE MALLORCA

El calendari popular afirma amb rotunda precisió:

Dia desset, Sant Antoni,
i a vint, Sant Sebastià.

Sant Sebastià fou cap de la guàrdia imperial en temps de l'emperador Diocleçià, el qual ordenà que fos martiritzat per causa de la fe cristiana. La iconografia ens el presenta despullat com el marbre, arquer esvelt i jove indomable, assagetat... I la sang que corre sobre la carn.

El poeta Llorenç Moyà ens el descriu en uns goigs escrits a Ciutat l'any 1981:

Com un Apol·lo de marbre
vostre cos garrit i fort,

botxins el lliguen a un arbre
per donar-li crua mort,
mes la vostra fe perdura
i ja mai no es morirà.
Donau-nos llum i mesura,
màrtir Sant Sebastià.

I així, sageta a sageta,
alabàreu l'únic Déu,
sang vermellíssima treta
d'una columna de neu:
humanal encarnadura
que la por no pot vinclar.
Donau-nos llum i mesura,
màrtir Sant Sebastià.

A Ciutat, la festa de Sant Sebastià és la festa major de l'hivern. Diuen les cròniques que el 1440, el Gran e General Consell sol·licità el culte a Sant Sebastià, per la seva protecció contra la pesta. La pesta bubònica, el còlera, la pesta groga... La vella fantasma estenia la seva ombra sobre la ciutat i sobre les viles foranes. L'espectre de la Mort entrava a cada casa i anava a posar-se, papallona funesta, sobre la mirada dels homes.

L'any 1523, en temps de Germania, un canonge de Rodes, fugitiu de la invasió i persecució turca, portà a l'illa la relíquia del sant, que es venera a la Seu. Diu la llegenda que la nau no volia partir del port de Mallorca i la gent va entendre que era la relíquia que li ho impossibilitava. La deixaren i s'aturà la pesta. Llorenç Riber —cada època fa de les llegendes la versió pròpia— en un sermó pronunciat a la catedral de Palma per la festa del sant de l'any 1937, explicava com havia entrat la relíquia invicta de Sant Sebastià a la nostra ciutat, el braç alçat ni que fos un... legionari romà. *El mar alegre, la tierra jocunda, el aire claro... Tal debió mostrarse aquel buen día del año 1523 en que un pinomercader y velero nos trajo de Rodas el botín más preciado de la victoria de San Sebastián, su diestra invicta. Y en nuestra ciudad de Mallorca profundamente alterada con las convulsiones de las Germanías, entró el glorioso mártir con el brazo extendido, a guisa de legionario romano.*

La devoció s'estenia arreu de l'illa: Muro, sa Pobla, Alcúdia, Pollença, Inca, Costitx, es Capdellà... Es conserven retaules del segle XV en què Sant Sebastià apareix com un cavaller romà a Sóller, Porreres, Llucmajor, Fornalutx. A la Seu va tenir-hi capella pròpia a començaments del segle XVI, i les cròniques del segle XVII contínuament es refereixen a les processons i a les pregàries que la gent dirigeix a Sant Sebastià contra les pestes, el qual és proclamat patró de la ciutat de Mallorca a instàncies del Consell, vers la meitat del segle.

Algú ha escrit que s'encenen fogueres, la vigília del sant, per remembrar el foc que s'encenia contra la pestilència. A Alcúdia també aturà la pesta, Sant Sebastià, que no traspassà la porta de Mallorca, dita després la Porta de Sant Sebastià. Fins fa pocs anys, el poble acudia en processó fins a aquest lloc, i es cantava un tedèum. A Costitx també és festa grossa. En unes declaracions a la premsa, el rector es referia a la concurrència de gent que s'hi congrega: «si no compareix tothom —deia—, no hi ha ningú». I a Pollença, els Cavallets ballen a la processó. «Els Cavallets de Pollença —diu el Diccionari d'Alcover-Moll— són dos al·lots vestits a l'ampla, amb el cos passat per dins un cavallet de cartró. La seva festa és la de Sant Sebastià. Davant va l'Estendard, portat d'un home vestit de guerrer romà que obre la marxa a compàs del fabiol i tamborino. Ballen amb dues tonades diferents: una pel ball de l'ajuntament (taules), i una altra per la processó».

També el poeta Miquel Bota Totxo ha descrit la indumentària i els colors del Cavallets pollencins: «Són dos jovencells —escriu— vestits a l'ampla, amb el seu vestit o gipó d'una roba verda, rivetada de groc, coberta la testa amb un barret ornat de cintes de colors variats, van amb el seu cavallet de cartró, passat per la cintura, ballant al so rítmic del tamborí i del flabiol».

Durant l'ofertori, l'estendarter fa voleiar la bandera de la festa de forma distinta, segons siguin homes o dones que desfilin per davant la imatge del màrtir. Quan passen els homes, l'estendard tremola; en passar les dones, plana de forma sinuosa i lleugera.

Després de l'ofici, els Cavallets ballen a la plaça i davant algunes cases.

Advocat contra la pesta... Un altre escriu al *Baleares* de dia 20 de gener de 1987: «el sant és l'excusa per evadir-se de les pestes del temps».

2 de febrer

LA CANDELERA

Si la Candelera plora,
s'hivern és fora.
Si la Candelera riu,
lluny és s'estiu.

La festa de la Mare de Déu del Candeler arriba puntualment quaranta dies després de Nadal.

En començar el dia, la gent observava el cel. Sabien que els núvols i la pluja —si la Candelera plora—, o el sol d'hivern —si la Candelera riu—, podien esser l'anunci d'una primavera més o manco llunyana. S'acabarà l'hivern? Potser s'allargarà, encara, el mal temps, perquè l'estiu és lluny i remot.

Una mateixa creença s'estén arreu d'Europa. El dia dos de febrer els animals que dormen durant l'hivernada surten del seu enfony i observen quin temps fa. Si el dia riu es tornen a amagar, perquè les fredors i les pluges d'hivern perduraran. Si el dia és fosc, el mal temps s'haurà acabat definitivament, entre les gotes de pluja, transparents i fràgils. Si la Candelera plora... El poeta Miquel Ferrà copsà tendrament la subtilesa de l'aigua pausada que anuncia el bon temps que vendrà:

La Candelera plora,
l'hivern serà acabat.
L'aucell espolsant l'aigua
del plomissó roat,

se'n vola dins la joia
d'un raig de sol furtiu.
La blanca Primavera
darrere un vel de llàgrimes somriu.

Potser la festa es remunta a la tradició romana. Diuen que en tal dia Prosèrpina havia desaparegut misteriosament i la seva mare, acompanyada d'algunes dones, la cercava de nit, les torxes enceses.

Per la Mare de Déu del Candeler —la Purificació de Maria, quaranta dies després del part— desapareixien les neules de les esglésies i es desmuntaven els betlems de les cases. Després de l'ofici, la processó de les candeles voltava pels carrers. Si el vent les apagava, volia dir que hi hauria, aquell any, mala collita. Els enamorats obsequiaven l'estimada amb una candela florejada, amb el nom d'ella escrit sobre la cera. La portaven a l'església perquè ella l'hi trobàs; però la nit anterior l'avisaven que hi havia una candela per a ella i penjaven un brot de murtra a la seva porta.

Les candeles de la Candelera tenien la virtut d'allunyar les tempestes. Trons i llamps que fugien, esperitats, d'una candela encesa, si la candela era beneïda de la Candelera.

Hi havia un joc de paraules que hom proposava als al·lots perquè mostrassin la seva capacitat d'observació, d'endevinar la resposta, de descobrir-la enmig de la mateixa proposició:

—La Marededéu del Candeler,
dia dos de febrer,
¿quin dia del mes cau?

I els més espavilats responien:

—Dia dos.

3 de febrer

SANT BLAI

Mumare em va dur a Sant Blai
perquè aprengués de parlar,
i ara m'hi ha de tornar
perquè diu que no call mai.

Sant Blai era —potser encara ho és— un sant remeier. Advocat contra el mal de gargamella, guaria el mal de coll, la tossina, les angines, l'aresta, l'escanyadura... i protegia la bona veu dels qui cantaven.

La tradició diu que Sant Blai va treure una espina de la gargamella d'un nin, només amb la força poderosa d'una oració. La gent acudia a les esglésies i rebia la unció amb l'oli del sant —l'oli de Sant Blai— alhora que es beneïen les llepolies —regalim, caramels de menta i dolços de pasta— que llavors servirien per a guarir els mals de gargamella. A Manacor feien uns crespells petits de pasta dolça que prenien la forma d'homenets o d'animals i que la gent en deia blaiets o senyorets.

A la parròquia de Sant Jaume de Ciutat, la unció començava de bon matí i no acabava fins el vespre, prop de mitjanit, de tanta gent que acudia a rebre l'oli i a besar la relíquia.

A la vila de Campos la diada té una tradició antiga, assaonada d'anys, actualment el diumenge després de la festa, entorn de la imatge del sant i la seva església, al bell mig de l'horta.

Diuen que l'església de Sant Blai fou antigament parròquia. La gent creu que va esser la primera parròquia de Campos, un oratori rural que acollia la gent escampada per foravila. Una cançó es refereix amb ironia al sant, perdut en la solitud dels sementers:

A Campos tenen es sants
repartits per foravila;
ells diuen que dins la vila
no en poden mantenir tants.

Havia dit que Sant Blai és un sant remeier. Així ho asseguren els vells goigs que el poble canta després de l'ofici major:

Quan estàveu per morir
demanàreu al Senyor
remei pes mal de canyó.

També a l'oratori de Sant Blai es venera la imatge del Crist de la Salut, d'ençà de 1848. Els goigs, recollits a la *Historia de la Yglesia rural de Sant Blay de Campos*, de fra Thomàs Alou, agustí exclaustrat, expliciten aquella advocació:

Pobres, dèbils i febrosos,
coixos, cecs i dissortats
cap a vós vénen plegats
entonant cants fervorosos;
també amb amor paternal

curau el manxol i el mut.
Preservau-nos de tot mal,
oh Sant Crist de la Salut!

Es conserva manuscrita una codolada llarga de vint-i-una estrofes, com si fos un poema costumista, que escriví el prevere Andreu Roig i Prohens, titulada *La Festa de Sant Blai de Campos*, i datada el mes de febrer de 1928. S'hi explica la festa: la partida del poble cap a l'oratori, l'ofici solemne, les corregudes, la benedicció del pa de Sant Blai, les passejades pel cementeri antic... el retorn a la vila.[4]

Ara tenc un poc d'espai,
i la festa de Sant Blai,
tres de febrer,
de Campos vos descriuré
(si Déu m'ajuda)
que és de tothom coneguda.

...

Del poble, petits i grans
molts n'hi anaven,
i aquell llarg camí passaven
sempre cantant;
amb les banderes davant
i alguns penons
que exigien bons braons
i una fe ardent
per part d'aquell bon jovent.

...

[4] El text manuscrit es conserva a l'arxiu particular de Miquel Roig i Adrover, a la vila de Campos.

En aquell dia s'estil·la
fer un present.
L'enamorat diligent
treu sa marrota
i compra allà, per s'al·lota:
torrons, vellanes,
o de lo que té més ganes;
de tot hi ha.

5 de febrer

SANTA ÀGUEDA, PATRONA DE SENCELLES

Era la patrona de les dones que crien perquè els concedia llet abundosa i saludable: que la llet no fos clara, ni boja, ni agra, ni febrada.

Va néixer a Sicília, filla d'una família principal, l'any 230. El governador li proposà de casar-se amb ell i no el va acceptar. Volia que renegàs de la fe cristiana, però no la va tòrcer. Llavors vingué el martiri, i els turments. La posaren sobre calius i vidres. Li tallaren els pits i un àngel davallà del cel per a guarir-la. Morí, finalment, a la presó, als vint-i-tres anys.

Santa Àgueda és, també, la patrona de la vila de Sencelles, que encén foguerons, la nit de la seva vigília. Consta als arxius que la festa de Santa Àgueda ja se celebrava en el segle XV, la qual cosa demostra que es tracta d'una festa de gran tradició, l'origen de la qual s'ha atribuït a l'agraïment del poble, perquè en tal dia una pluja abundant posà fi a una llarga sequera.

Fins fa pocs anys, la diada de la festa es representava la *Comèdia de Santa Àgueda, patrona de la vila de Sencelles*, en la qual prenia part la gent de la vila, que tornava a reviure sobre el cadafal l'antic martiri de la patrona.

Palmes trenades per a la festa del Ram.

A Lloseta, la processó del Ram: el Bon Jesús cavalca en una somera.

La Passió a Porreres.

La fira del Ram.

Dijous Sant. La Casa Santa de Sant Marçal.

Dijous Sant a s'Indioteria.

Dijous Sant a Valldemossa.

El Crist de la Sang, a l'església de l'Hospital.

La processó de la Sang.

Processó del Davallament, a Pollença.

El Davallament al puig de Consolació de Sant Joan.

Crist ha ressuscitat!

La processó de l'Encontrada a Fornalutx. Quatre al·lotes vestides d'apòstol duen la Marededéu.

Si no mos dau panades...!

Encenen el llum, que ve el salpàs...!

10 de febrer

SANTA ESCOLÀTICA

Té Escolàtica la clau
de les fontanes del cel.

Santa Escolàtica, tutelar de la vila de Santanyí, germana del monjo Sant Benet, aconseguí fer ploure només perquè el germà no pogués partir i poder parlar una estona més llarga, per la qual cosa és advocada contra les sequeres. Ella, que té la clau de les fontanes del cel, pot fer caure la pluja difícil sobre la terra eixuta.

Venerada al santuari de Consolació des del segle XVII, se'n conserva un retaule barroc que porta la data de 1646.

Antigament, la gent pujava al santuari en processó, el matí del 10 de febrer. Les campanes repicaven quan el sol sortia, entre boires d'hivern. La gent es congregava i la processó partia, davant, el penó vermell de la festa. Ventaven les campanes fins que la comitiva arribava al cantó d'en Pau. Els escolans, quatre homes amb una imatge de Santa Escolàtica damunt un tabernacle, la creu, els cirials, tres capellans que cantaven lletanies... «Havia de fer molt de mal temps perquè no partissin: amb vent i boirina més d'un pic li envelaren», —recollí el testimoni l'apotecari Bernat Vidal, l'any 1961.

La processó continuava fins al santuari. De tota la comarca arribaven els pelegrins. Cantaven la Salve i hi havia música i vi, que alegren el cor.

Potser la pluja arribava, finalment, amb les pregàries: el vi alegra el cor, l'aigua, la terra. Així ho diu la Pregària que Blai Bonet dirigia a la Mare de Déu de Consolació, l'any 1949. El poeta demanava les xarxes feixugues i l'abundor de garbes:

alegria en els cors, i els núvols dòcils.

24 de febrer

SANT MACIÀ

Per Sant Macià
l'oronella ve i el tord se'n va.

L'oronella que arriba pressent l'inici de la primavera. Per Sant Macià... La festa anuncia el bon temps que ha de venir. Marxen els tords que han escapat dels caçadors, després de l'hivernada. I arriba l'oronella disposada a construir el niu al voladís de la façana de les cases.

Per la festa solemne de Sant Macià, Alcúdia honora la imatge del Sant Crist, que es venera en la nova capella de la parròquia, edificada entre 1675 i 1697.

La tradició i la llegenda expliquen l'esdeveniment prodigiós succeït el dia de Sant Macià de 1507. Era dimecres, vint-i-quatre de febrer. El cel estava clos i mancava la pluja. La sequera s'allargava sense terme i els sembrats es morien de set. Alguns decidiren d'acudir en rogativa a la cova de Sant Martí —lloc de culte dels cristians de l'època romana— portant el santcrist. De retorn a la vila, en Jaume Ros, que portava el crucifix, i els jurats observaren que suava sang i aigua. «Veren que suava per les espatlles —escriu el pare Gaspar Munar—, pel cap, pels cabells i per les aixelles. El vicari li torcà la banyadura amb uns corporals i, temerós que no l'hagués presa dins la cova, anaren a revisar-la i veren que el lloc on s'era posada la imatge estava ben eixut i sense cap senyal d'humit».

Aquell mateix dia s'aixecaren actes davant notaris públics i testimoniaren els que havien vist el miracle.

Unes versions de la història diuen que, al cap de pocs dies, va ploure abundosament. D'altres, no es refereixen a la pluja copiosa que va caure després del prodigi; però diuen que aquella suor del Crist donà vida als sembrats i salvà les collites.

ELS DARRERS DIES

Ximbomba fé fantasies
ara que et deixen sortir;
només tens de venir amb mi
o són set o són vuit dies.

La festa de les festes, el Carnaval, arriba als nostres dies sobrevivint els canvis socials i els sotracs de la història. El seu origen es remunta en la fosca dels temps, el seu domini abarca tots els pobles.

Dins el cor de l'hivern, el Carnaval ens convida a vèncer la inèrcia de la mort, mentre ens recorda que la vida retornarà quan la fredor mancabi i les nits s'acurcin, definitivament.

Els historiadors han vist en les grans festes de la Mediterrània —en les antigues festes de Babilònia, en les festes dels jueus, dels perses i dels egipcis, en les dionisíaques dels grecs, en les saturnals o en les lupercàlies dels romans— un precedent remot. De fet, emperò, el sentit de la festa del Carnaval —sempre amb lluna nova— està profundament lligat a la gresca, a la follia, a la violació dels límits, al simulacre. És un temps turbulent, tot de disbauxa, propici a la inversió de l'ordre, a la sàtira, al joc de l'escenari i la burla, a l'alliberació col·lectiva per mitjà de la festa. Una festa que convida a la participació, car no hi ha espectadors al Carnaval i tothom hi és convidat.

Hem de veure-hi, doncs, l'aspecte festiu: la participació, l'afany de gresca, els jocs, la voluntat ferma de riure's del món i la bolla; l'aspecte de rebel·lió: el sentit que adquireixen les coses en esser capgirades, el poder revulsiu de l'escarni, la força prodigiosa del riure; l'aspecte ritual: les processons grotesques, la paròdia: sermons trabucats i batalles burlesques, la vida a l'enrevés: el peix que pesca el pescador, els criats que donen ordres als amos, els homes que es vesteixen de dona, les dones que es vesteixen de soldat... Baratar de sexe, ni que sigui tan sols per una nit, perdre la identitat, falsejar la veu, insultar la gent amb la cara tapada.

Carnaval és la festa de la llibertat, inquietadora i excitant; sobretot efímera, perquè efímer és el regnat de Carnestoltes.

Els escenaris del Carnaval són el carrer i la sala de ball. També la taverna. Les tavernes han estat un espai de festa. Dins la taverna, la ximbomba continuava les seves fantasies i la veu, afinada per l'aiguardent, trencava el fum espès de la nit:

Vaig passar per un canyar,
vaig collir una canyeta,
per fer una ximbombeta
pels darrers dies sonar.

Sa ximbomba ja no sona,
no sona ni sonarà;
perquè té sa pell de ca
i sa canya que no és bona;
i es sonador que la sona
que no la sap fer sonar.

Segurament els jocs de Carnaval —jocs burlescs— constitueixen una de les tradicions més arrelades. En algun lloc en deien anar a *donar broma*: tirar tests a les portes de les cases, tocar la baula i fugir escapats, abans no acudeixin a obrir, fer renou pels carrers amb llaunes i esquelles, picarols i corns, ferreguins i xerracs, encalçar-se amb manats d'ortigues i ortigar les cames de les al·lotes, que salten com a llagosts, en sentir-se les pessigolles pels genolls i les cuixes, socarrar-les les faldes amb estopa encesa o moixells de cànem, tirar-se farina tenyida de rosa, esquitxar-se d'aigua amb xeringues de canya o sifonar-se, tirar polsim de ceba, que fa plorar els ulls, fum d'estampa, que omple de mascara, cendra, guix, serradís, ous farcits de farina i bombetes fètides.

A Artà, els al·lots solien tirar embostes de farina pel cap de les al·lotes i els tenyien el cambuix de blanc. Pels carrers, crits i corregudes. A Alcúdia dur l'home *a marjal* era agafar-lo entre dues al·lotes, assegut en una cadira, i portar-lo a una botiga on havia de pagar tot quant elles demanassin: caramels, regalim, xocolata i confits... Els homes corrien perquè no els atrapassin. N'hi havia, emperò, que es deixaven agafar, bonament. A Lloseta, les joves prenien el capell als homes i l'empenyoraven a la botiga. Llavors, ells havien de rescatar el capell i pagar penyora. A Llucmajor, els homes casats pagaven el beure als fadrins; el diumenge de Carnaval procuraven no acostar-se gaire a la taverna. El darrer dia, eren els joves que havien de convidar els casats. A Selva, el dijous llarder, els quintos organitzaven una xaranga amb bombo i guitarres, violins i castanyetes, i anaven a esperar les al·lotes que tornaven de foravila, acabat el treball del camp, i s'aturaven a ballar pels cantons. A alguns pobles sostreien d'amagat els carros de les portasses i els abandonaven en un lloc apartat, perquè l'amo tardàs en retrobar-los. A Sóller s'emportaven els cossiols i els barataven amb els d'una altra casa a fi que, l'endemà, tothom tingués els cossiols capgirats. El costum d'encalçar les al·lotes amb ortigues ha existit a Petra, a Montuïri, a Algaida, a Pina... Hi havia qui en sembrava, d'ortigues. Però a Alaró era a l'enrevés, les dones encalçaven els homes i els ortigaven, si els podien capturar.

També es disfressava, la gent, amb la cara coberta. George Sand ha parlat dels dimonis banyuts i de les bubotes que voltaven pel claustre de la Cartoixa de Valldemossa en temps de Carnaval: «... i nosaltres vérem aparèixer, en la fumassa roja de les torxes, un batalló d'éssers abominables a Déu i als homes. Es tractava de Llucifer en persona acompanyat de la seva cort, el caporal dels dimonis, tot negre, banyut, amb la cara vermella de sang, i entorn d'ell, un eixam de dimonis, els caps d'ocell, les cues de cavall, amb oripells de colors, i diablesses o pastores amb hàbits blancs i rosa que semblaven que havien d'esser raptades per aquests terribles gnoms».

Les nits dels darrers dies, les disfresses anaven d'una casa a l'altra, la cara pintada de mascara, màscares del dimoni, de la mort, de gegants i ogres. A vegades, qualsevol cosa podia servir: un tros de calça, un pedaç foradat a l'indret dels ulls, un cartró pintat, unes dents de ràvec... Xavier Fàbregas es pregunta, en un text sobre les màscares: «Podem considerar màscara un cap-gros? I el nas de cartró que el bromista s'enganxa amb una goma elàstica tibada al clatell?» Qualsevol tros de roba podia servir per a disfressar-se: roba vella, passada de moda, capells, cobrellits, gorres, paraigües... Removien els canteranos, els armaris i les calaixeres. Qui sap què en pot sortir, del fons d'una caixa? Els disfressats barataven la veu, i entraven a les cases, i no cessaven d'insultar la gent ni de dir picardies que no haurien gosat explicar amb la cara descoberta. Els disfressats guaitaven a les cases, i cantaven les veritats sense vergonya. Obrien la porta i preguntaven a la gent de la casa:

—Que voleu fresses?

Es divertien de satiritzar públicament els defectes dels altres, de publicar els secrets de la gent, d'injuriar els qui passaven pel carrer i fer-los befa. Era difícil endevinar la identitat dels qui s'abscondien rere les màscares. Hi havia, emperò, qui no en volia rebre, d'emmascarats, i els barrava la porta. Llavors les fresses corrien i els crits ressonaven pels carrers. A les cases on hi havia hagut una desgràcia recent —un mort o un malalt— no hi acudien, les fresses, i passaven de llarg, en silenci. A vegades, si s'encontraven amb un altre grup, s'organitzava una batalla: pots de llauna i taronges, bombetes de fer tro, i ous nials, i tomàquets... Colorets a la cara, el cap cobert amb una perruca, màscares horrendes, rostres impúdics, indicadors d'una identitat fingida.

En alguns pobles —es troba documentat a Llucmajor en un manuscrit de Joan M. Mójer i Noguera, «l'amo en Joan de ses Males Cases», redactat el 1933 amb la intenció de deixar testimoni de les festes llucmajoreres dels anys de la seva joventut [5]— un parell de setmanes

[5] Actualment aquest manuscrit es troba a la Biblioteca dels PP. Franciscans del Convent de Sant Bonaventura de Llucmajor. Baltasar Coll n'ha transcrit uns fragments a *Folklore de Llucmajor,* 1971.

abans dels darrers dies ja començaven a fer bulla i sarau. *Es dijous de ses comares* era la tercera setmana abans d'arribar a la Quaresma, destinat a comandar les dones, que no s'aturaven en tot el dia de fer broma als homes. A les possessions, la madona feia una greixonera amb orelles de porc i, a l'entrefosc, començava el ball, que anunciaven amb un corn pels sementers de sa Marina. *Es dijous des compares* —una setmana després—, eren els homes els qui feien la festa. Els amos convidaven els missatges a menjar greixonera de porc i sobrassada a voler. Tocaven el corn, que anunciava el ball, i algun s'hi presentava amb un manat d'ortigues amagat davall el capot.

Un costum del darrer dia de Carnaval era la celebració de la mort de Carnestoltes, el rei de la festa. Un home de palla vestit amb roba vella: els calçons arnats, un capell i un cassot, era sentenciat públicament. A Llucmajor, quan entrava la fosca del darrer dia, se l'enduien a enterrar, atxes enceses. La paròdia fúnebre desfilava entre la gent disfressada. Algú cridava, enmig de la festa:

Plorau, plorau,
que és mort es Carnaval!

A Porreres, el ritual de *sa Cataracta Mundi* era la simulació de la mort de l'esperit de la festa. Un jove de palla, camisa blanca i capell de palmes, allargat damunt una escala de peu, era acompanyat en comitiva fúnebre fins a l'escorxador. La gent plorava. Hi havia anys que l'enterraven prop de ses Forques; d'altres anys el cremaven enmig del carrer.

Sovint, la festa funerària del Carnaval cobrava una intencionalitat política que els partits aprofitaven. A Montuïri, en les primeres dècades del segle XX, el ninot representava la figura del comte de Romanones. No cessaven de cantar:

Ja és mort en Romanones,
ja no el veurem mai més...

A Algaida, la festa d'*en Cames Tortes* —clara deformació de Carnestoltes—, representava l'antiga peripècia de la gresca que mor davant els ulls dels homes, convençuts, emperò, que la festa tornarà a reviure, car els cicles del temps són indefugibles i l'esperit carnavalesc —sepultat quaranta mil vegades— tornarà a reprendre: l'afany d'alliberament, la paròdia, la burla, l'atmosfera de llibertat, la cerimònia de capgirar les coses.

En Cames Tortes era la figura d'un home de palla vestit de mariner, amb un bicorni per capell. El dijous llarder compareixia a la plaça, assegut al balcó del cafè de Can Mulet. Allà s'hi estava fins a l'horabaixa del darrer dia. Llavors el baixaven, el col·locaven en un carro guarnit amb branques de pi i l'acompanyaven fins a la sortida del poble, al final del carrer d'es Colomer, al molí, i li llegien la sentència de mort. L'execució era prompta: tres escopetades acabaven amb la vida de l'home de pedaç. No mancaven les ploralles ni el combat dels qui figurava que eren els seus parents propis i els seus amics, de la mare, dels germans i les germanes. Entre gestos grotescs, els planys per la mort d'en Cames Tortes omplien la festa. El difunt era col·locat en un taüt i, a l'espatlla dels homes més forçarruts del poble, conduït de bell nou a la plaça, entre plors i rialles. Tothom cantava, sota els compassos rituals de la banda de música:

En Cames Tortes, Tortes, se va morir.
Ai, ai, ai, ai de mi!
Quaranta mil vegades l'han enterrat.
Ai, ai, ai, ai de mi!
I al cap de dotze mesos, viu és tornat.
Ai, ai, ai, ai de mi!

Després de fer una volta per la plaça, la comitiva fúnebre simulava l'enterrament d'en Cames Tortes dins la cotxera de Can Mulet Gran. L'esperit d'una festa que la Quaresma desbanca amb les seves penitències de cendra i dijuni; però que tornarà a reviure —bé que ho sap la gent que es disfressa per celebrar la seva mort— amb renovada força. Una festa inquietant, perquè viu a l'ombra de la mort, dels espectres, de la presència demoníaca. Per això és que podem trobar-hi un punt de tristesa, en la mort d'en Cames Tortes. D'aquella tristesa del poble que Carlo Goldini va saber introduir en la seva farsa *Una de les últimes nits de Carnaval*, que es fa present, perquè sap que amb la mort d'en Cames Tortes avança la Quaresma i moren una mica totes les coses.

També la tarda del darrer dia se celebrava a la plaça dels pobles la batalla entre els carnissers i els peixaters, que mossèn Antoni M. Alcover ha descrit amb aquestes paraules: «... se topen es caporal d'es carnissers i es caporal d'es peixaters, i ja s'envesteixen i s'emboliquen i s'embotonen, i espolsada d'un vent i espolsada de s'altre, fins que es peixater tomba es carnisser, que cau davall, i aquell li cau damunt i canta victòria...».

A Manacor, d'uns anys ençà s'ha recobrat una festa perduda: s'Enterrament de sa Sardina, que se celebra l'horabaixa del darrer dia. Un disfressat obri la comparsa amb un paraigua estès, tot d'arengades penjades a les puntes. El segueix una gran comitiva d'endolats amb ciris encesos que canten les excel·lències de les sardines i el bacallà. Un glosador manacorí, en Miquel Amer i Vaquer, ha descrit la festa amb versos satírics:

Moltes fresses endolades
i d'altres de colorins,
cada qual se treia els grins,
i tant casats com fradins
feien ses seves plorades.[6]

La Rua, una part important de la manifestació festiva, no apareix, tal com avui la coneixem, fins al segle XX. Sabem, emperò, que l'any 1685 els cavallers ciutadans sortien a passejar pes Born, la tarda del dijous llarder, vestits amb fulles i branques d'arbres; que l'any següent, el 1686, es disfressaren amb pells d'animals i que, més de cent anys després, el 1798, el primer dia de Carna-

[6] El glosat complet fou publicat pel setmanari *Perlas y Cuevas de Manacor,* del 17 de març de 1984.

val es vestiren amb robes exòtiques, d'hongaresos i turcs, el segon dia es posaren disfresses vegetals i es divertiren llançant ous de colors a les dames, i el tercer dia s'endolaren per la mort de Carnestoltes.

En l'inici de la Rua hi ha el passeig dels disfressats pels carrers, abans de començar el ball. Actualment surten les comparses i les carrosses i la gent es llança flors, confetti i serpentines. La politització de la vida social sovint es posava de manifest en la Rua. A Alaró, en la segona dècada d'aquest segle, batallaven les carrosses dels liberals contra les dels conservadors. Es llançaven taronges, serpentines i, en alguna ocasió, ous nials i farina tenyida.

A Montuïri sortia *es Carro Triumfal* ple de joves i al·lotes amb la cara pintada, que mai no es cansaven de tirar taronges agres a la concurrència ni de tocar els picarols i els corns... A Andratx compareixia *sa Mula Blanca* —un grapat d'homes disfressats amb un cap de mula i coberts amb flassades—, que entrava a les tavernes i repartia coces al personal. La gent s'enfilava a les taules, per damunt les cadires, mentre la mula continuava el seu desgavell, entre crits i rialles. Hi havia anys que en sortien tres, o quatre, o cinc, de mules, des de diversos indrets de la vila, i la gent corria. A la Rua de Muro hi assistien els carros enramellats. Algú fermava un tortell de pasta a un fil que sostenien a l'extrem d'una canya, ni que fos una canya de pescar. Els al·lots corrien darrere el tortell, mentre intentaven atrapar-lo amb les mans o la boca. A altres llocs es feia el mateix joc amb un caramel de menta o de llimona.

Quan aparegueren els primers automòbils es mesclaren amb els carruatges i les carrosses. L'actriu Cristina Valls ens ha deixat en les seves memòries un testimoni de la Rua ciutadana i la festa d'es Born durant els primers anys del segle XX: «L'oncle Gaspar venia confetti i serpentines. Tota la família li guardava la clovella dels ous que menjaven amb mirament de no fer-los el forat massa gros. Llavors, ell els omplia de confetti i cobria aquell trau amb una estrella de paper de plata. Abans, els nebots li havíem esflorat aquells paperins dins un garbell... a es Born, el Carnaval arribava a l'apoteosi vora La Veda. Nosaltres hi anàvem amb una veïna molt passejadora i ens posàvem davant de tot...».

La música s'escampa pel passeig ciutadà. Hi ha una certa voluntat de transvestir-se a l'hora de disfressar-se per acudir a la Rua, d'exagerar els atributs del sexe que hom adopta només per una tarda. Les ploradores que es planyen rere el cadàver d'en Cames Tortes són homes disfressats de dona amb els pits descomunals i els llavis i les galtes intensament pintats de vermell. A la Rua de Ciutat, sovint els homes apareixen disfressats de dona embarassada i les dones, en adoptar la disfressa de l'home, se repinten les celles i s'aferren bigotis i barbes postisses. També als antics balls de Carnaval, hom jugava a vegades a baratar de sexe.

A les darreries del segle XIX i a començaments del XX se'n feien al Líric, de balls, als locals de les antigues societats recreatives: a es Círculo, a La Protectora, a sa Palla, a La Mascarita, al Veloz-Club, a La Puñalada, a Mar y Tierra de Santa Caterina, al Cine Modern, al saló Doré d'ets Hostalets, al Gran Hotel... I eren, juntament amb la Rua, allò que més caracteritzava el Carnaval ciutadà. Del ball de La Protectora ens n'ha deixat un breu testimoni Santiago Rusiñol a *L'Illa de la Calma:* «... Però la música arrenca i ja hi som. De tots costats surten les parelles i comença el "Ven y ven", i aquella sala queda plena de gent que volta per divertir-se. Hi ha qui balla amb la mà posada a l'espatlla de la companya, qui balla amb un mocador al coll, qui balla agafant-se les mans, com si jugassin a ballmanetes, i qui roda amb una parsimònia que sembla que compleixi un vot».

Hi havia a Ciutat cases que llogaven vestits per a disfressar-se: Ca na Tronet, al carrer de ses Minyones, Can Beltran, al carrer del Socors, el guardarroba del Teatre Principal, especialitzat en mantons de Manila, al carrer dels Berreters. La música: la polca, el pas-doble, la masurca, el vals, el fox-trot... Els pretendents obsequiaven les al·lotes amb rudes de caramels i llepolies.

La Quaresma triomfa. En alguns pobles la campana tocava quan era mitjanit del darrer dia per avisar la gent que s'acabava la festa. A Manacor en deien *sa coramera*, d'aquesta campana. Cadascú arraconava els instruments de música i la roba que havia fet servir per a disfressar-se. Els taverners amagaven, també, els jocs de cartes. Han finit les processons grotesques, la paròdia i l'escenari. Algú ha escrit que la lluita entre el Carnaval i la Quaresma és la representació simbòlica d'un vell conflicte, de la pugna entre dues cultures: les manifestacions profanes, la voluntat de capgirar la vida, el coratge de riure i la repressió d'aquesta espontània disbauxa. La festa que es desborda i el rigorós control de l'alegria, contestatària, punyent, subversiva...

LA QUARESMA

Per arribar a sa Setmana Santa, primer hem de passar una aspra i llargaruda escalonada de quaranta escalons.

Antoni M. Alcover

La Quaresma era temps de penitència severa i d'austeritat, de dijunis de ferro i abstinències. S'acabaven els dies de Carnaval, finalment ferit per la falç implacable. El menjar de Quaresma —faves cuinades, escudella, faves tendres i sopes, coques amb verdura amb tallades d'arengada i gerret, cocarrois i escabetxo...— substituïa les coques amb tallades, les greixeres i el porquim. Res de guitarres, ni xorracs, ni ferreguins, ni ximbombes, ni jocs de cartes, que les cartes tornen dimonis en temps de Quaresma.

Sa ximbomba ja és passada,
jo que volia ballar...

Només la penitència llarga de la Quaresma. La gent creia que l'ànima l'havia de menester, aquella penitència. Però sabien que era llarga: «més llarga que una Corema», «més llarg que un dijuni de pa i aigua». Només els dijunis. «No cantis —advertien— que faràs tornar sa Corema enrere». Els dijunis. I afegien amb un cert humor a les paraules: «Si fas es primer i es darrer dijuni, no tenguis por, que no moriràs dins sa Corema».

Passat el darrer dia de Carnaval, el Dimecres de Cendra iniciava la llarga escalonada de la Quaresma.

Sa Corema ja se'n va,
s'acaben es darrers dies:
hi ha fadrina que té
més penes que no alegries.

La cerimònia de la imposició de cendra al cap inaugurava el temps quaresmal: *Memento homo quia pulvis es...* Recorda que ets de pols, que retornaràs a la pols... I els sermons. El predicador parlava del pecat, de la mort, de l'infern, dels dimonis... Espolsava les consciències i convidava la gent a la penitència. Tothom recollia el bitllet, en confessar-se, que permetia dur el recompte dels que s'havien confessat. El salpàs de Pasqua recollia els bitllets, l'escolà els enfilava. Qui no tenia bitllet no podia menjar panades...

Comença la Quaresma, «devers sa plaça —escriu mossèn Antoni M. Alcover— se topen es caporal d'es carnissers i es caporal d'es peixaters, i ja s'envesteixen i s'emboliquen i s'embotonen, i espolsada d'un vent i espolsada de s'altre, fins que es peixater tomba es carnisser, que cau davall, i aquell li cau damunt i canta victòria dalt ell; i es pobre carnisser no té altre remei que rendir bandera i anar coa baixa tota sa Corema, fins es dissabte de Pasco horabaixa, que acabarà sa paciència i envestirà es peixater amb tanta de fua i tan remolest, que el tombarà de bell nou».

Els vidus es casaven durant la Quaresma, perquè no els fessin saragates ni renou, ni els portassin carretades de tests ran dels portals, ni sonassin corn i picarols, ni els encenguessin focateres davant la casa.

A molts d'indrets es personificava la Quaresma en una jaia: sa Jaia Corema. «Una jaia de paper, cartó o fusta pintada —segons l'explicació que en dóna mossèn Alcover—, que figurava sa Corema, magra i esquerda, amb un bacallà en una mà i un manat de pastanagues en s'altra, i amb set cames i set dents, que representaven ses set setmanes de Corema. Es primer dia de Corema penjaven aquella Jaia dins sa cuina o menjador, i cada diumenge li taiaven una cama de ses set que tenia, fins que es Dissabte Sant romania sense cap cama, i arraconaven amb gran lulea es bigalot que quedava; però a mitjan Corema ja li feien una operació, d'on li venia es nom que duia de "serrada"; i era que es dijous de sa quarta setmana, quan ja havia passada mitja Corema justa, davallaven sa jaia i la serraven p'es mig, perquè ja tenien mitja Corema a baix».

Servia també de calendari. Set cames i set dents, una dent i una cama per cada setmana. Pere d'A. Penya descriu com es pintava en el seu temps «sa Jaia Serrada»:

> 'gafa es diari despressa,
> da'm quatre fulls de paper,
> da'm llapis, da'm estisores
> i pastes. Da'm-ho, rebent.
>
> ...ja li pint es nas i es gep,
> ganivet amb sa mà dreta,
> bacallà per s'altre vent,
> un rosari de beata
> i es set peus i ses set dents.

El bacallà, les graelles, el setrill... Hi havia qui posava set pastanagues en una mà de la jaia, vella i esqualida.

A Porreres, encara ara perviu el costum d'esbutzar el Jai Carnal i de serrar la Jaia, en arribar a la meitat de la Quaresma. Els passegen pel poble i la gent es diverteix amb la disbauxa. En altre temps, en arribar el dia assenyalat, «a les deu del matí —segons explica Joan Julià— tancaven ses escoles i, com un llamp, corria tota s'al·lotea cap a ses ferreries de Can Crist, de Can Verdero o de Can Frerí, llocs on s'acostumava quasi sempre a realitzar tal funció de serrar sa Jaia Corema». La confessaven: a vegades, un capellà, o qualsevol home, una dona i tot quc la confessava. L'acusaven d'haver menjat xuia, li tiraven en cara mil injúries... Per què has fet això? Per què has fet...? Deien llatinades que escarnien els llatins eclesiàstics. La processaven, asseguda en una bóta de vi:

—Condemn en Jai Carnal a esser esbudellat i desfet dins les mans de la turba...

—Condemn sa Jaia Corema a esser degollada, penjada i serrada p'enmig.

Ses sentències estan dades
per aquest just tribunal:
sereu desfets a grapades...

Hi ha qui diu que es Jai Carnal és el marit de la Jaia Corema, però en la celebració de Porreres trobam la fusió en una sola gresca de dues festes diferents: la mort de l'esperit carnavalesc i la mort de l'esperit penitencial.

També el quart dimecres de Quaresma, a la plaça de Cort de Ciutat, el botxí i el mata-rates partien per la meitat la Jaia Corema damunt un cadafal, mentre la gent es divertia i cridava.

Lluny, en un jardí perdut, s'obrien els primers lliris morats que diuen que floreixen sota el sol de Quaresma.

IV DIUMENGE DE QUARESMA:

LA FESTA DEL PA I EL PEIX

El IV diumenge de Quaresma la vila de Sant Joan celebra la festa del pa i el peix a l'oratori de Consolació, sobre un petit pujol. La festa es relaciona amb l'evangeli del dia, que rememora la multiplicació dels pans i els peixos. Durant l'ofertori es reparteixen les «coquetes», panets beneïts que porten gravats els cinc pans i els dos peixos, panetons pastats sense llevat, pa alís.

La festa és antiga. Mossèn Alcover diu que «acabada sa funció de l'església, llavors tots es qui han donat blat quan feren sa capta de s'estiu i tots aquells que munyen cinc pessetetes, troben allà dalt un dinar de peix i bacallà d'allò més saborós, que tothom se'n llepa es dits».

La història explica —una història que la gent ha contat durant segles— que la imatge de la Mare de Déu de Consolació fou trobada tal dia com avui, el IV diumenge de Quaresma de l'any 1400.

Un pastor de Solanda la trobà en el tronc d'un ullastre, on havia romàs amagada durant molt de temps. El pastor era un esclau moro i li encenia una llàntia en un caragol buit amb oli que robava per a la Verge. Hagué d'explicar el misteri, aquell pastor, el dia que el descobriren que s'emportava l'oli. I la imatge fou venerada, d'ençà d'aquell dia.

El dia de la festa toca la banda de música i fan corregudes, i hi ha ball. També, una ofrena de flors a la Mare de Déu. Són les últimes flors de l'hivern o les més primerenques de la primavera?

Les festes de primavera

Les festes de primavera, abocades a la terra que esclata, generosa, perquè el sol creix, ens duen el color i el perfum de la vida que s'obre: palmes i rams, brull i violer, festa als santuaris, la bellesa pàl·lida dels albons, les roses de Sant Jordi, les creus florides... Diuen que el maig és bon temps per a recollir herbes medicinals i aromàtiques: el ginebró, la farigola, el pampalei, l'herba lluïsa, l'herba encisadora, el romaní, que floreix tots els mesos de l'any però que pel maig té «propietat». La festa ens arriba, doncs, amb tots els aromes, i la sentor, i la fragància de la terra.

DIUMENGE DEL RAM

El diumenge del Ram enceta les celebracions religioses de la Setmana Santa, que es perllongaran per espai de vuit dies fins el dia de Pasqua, la festa resplendent de primavera.

El dissabte del Ram sortien estols de joves i captaven les figues, les darreres figues seques, que era necessari consumir definitivament, perquè ja s'acostaven els temps nous. Mossèn Alcover diu que aquest costum era viu a Petra, Sineu, Sant Joan, Pina, Montuïri, Llubí..., i aplega algunes cançons que cantaven les comparses:

L'amo no us cal tremolar
que ja surten es figons
i som molts de companyons,
i ja en tornareu secar.

A altres pobles, també el dissabte, els al·lots recaptaven flors per les cases i els horts, les flors que, l'endemà, servirien per a guarnir els rams de llorer i d'olivera.

El matí del Diumenge del Ram, enmig de la plaça o en un indret especialment significatiu del poble: vora una creu, prop d'un jardí públic o a l'interior de l'església, s'efectua el ritual de la benedicció de palmes i rams amb què després hom acudirà a la processó. Palmes blanques, que trenaven les monges tancades del convent de Sant Jeroni, de Santa Clara, de la Concepció... Palmes i rams que es penjaven —encara es pengen— als balcons per a preservar la casa de les tempestes, car existia l'antiga creença que el llorer i l'olivera i els palmons del Diumenge del Ram contenen virtut contra les tempestats.

Després que la processó havia entrat a l'església, començava l'ofici durant el qual es cantava la *Passio:* tres capellans —els passiers—, la veu clara, destres en el cant, feien el relat de la passió de Crist, tot participant en una incipient, antiga teatralització. Un feia la veu de l'Evangelista i era el narrador, l'altre, la veu de Jesús, i l'altre, la veu de tots els altres personatges i del poble.

Però l'eufòria triomfant del matí —l'olivera i les palmes de la celebració de l'entrada a Jerusalem— es transmutava aviat en dolor. A les tres de la tarda del dia del Ram s'iniciaven els Dotze Sermons, una representació de la via dolorosa de la creu, camí del Calvari.

Antigament, els Dotze Sermons es predicaven pels carrers i les places, i la comitiva s'aturava al punt de cada estació. Després, restaren reclosos a l'interior de les esglésies. Obrien el pas les vexil·les, dues banderes de color violeta amb les insígnies pintades de la Passió: la creu, una escala, una llança, el drap de la Verònica amb el rostre de Crist, el gall de les temptacions, la corona d'espines, els claus, la bossa de Judes, els corretjos, el sudari... «...surten de la sacristia es "penitents" —explica mossèn Alcover—, es "trompeter", que du amb una mà una trompeta molt llarga i li fa pegar uns quants de qüecs molt esglaiosos, i amb s'altra mà mena "el Bon Jesús", fermat amb una corda p'es coll; i darrera el Bon Jesús va "N'Estira-cadenes", que aguanta sa cadena que el Bon Jesús du passada per sa cinta. A cada costat del Bon Jesús van "es Bon-Lladre" i "es Mal-Lladre" i un "jueu" amb una llança per guardar que es tres reus no fugin, i llavò hi ha un altre "jueu" que tragina sa creu que han de carregar an el Bon Jesús tot d'una que li hauran llegida sa sentència» (...)

«Es Trompeter enverga trompetades que eixorda i entra dins es cervell, per fer callar la gent i que escoltin sa Sentència, que es posen a llegir i que comença amb aquelles paraules: "Nós Ponç Pilat, Governador de tota la Judea pel Sacro Imperi Romà..." I aquí es trompeter torna envergar trompetada més esquerdada i més eixordidora encara que sa primera, perquè escolti tothom amb tot quant d'oreiam tenguen. I llavò segueix sa Sentència fins que arriba an aquell punt que mana i ordena que el Bon Jesús muira crucificat a's mig de dos lladres per homo facinerós i desbaratador de pobles. I aquí es Coremer se sol aixecar cridant: "—És mentida! Ments, Pilat, tan alt com ets! Calla, gran mentider!"».

Jesús vestia una túnica i anava fermat amb cadenes i descalç, carregada la creu. Li feien escolta una dotzena de caperutxes... La gent cantava:

Per vostra Passió sagrada,
adorable Redemptor,
perdonau, altra vegada,
aquest pobre pecador.

Jesús, víctima escollida,
és condemnat a la mort...

Durant el quart sermó, compareixia la Marededéu dels Dolors, en algun lloc acompanyada de les Tres Maries, i , durant el cinquè, Simó Cirineu, una destral a la cintura, perquè venia de tallar llenya, i al sisè, la Verònica.

Encara hi ha pobles, és el cas de Montuïri, segons la relació que en dóna Onofre Arbona, en què alguns carrers porten un nom relacionat amb les escenes de la passió: «carrer de la Verònica, carrer del Calvari, carrer de les dones de Jerusalem, carrer de l'Amargura, plaça de les Tres Creus, etc.»

En un treball mecanoscrit d'Antoni Riera, publicat a Bunyola, he pogut trobar una petita crònica d'uns Dotze Sermons als quals assistí, al petit llogaret de Randa: «Una de les dues estacions que més bé record del Via Crucis de Randa és la del Cirineu. La cosa es feia un poc massa al viu. No sé per quines cinc-centes el Cirineu de Randa treballava damunt un ametller (...) No sé si la cosa era de ritual, de costum o circumstancial d'aquell any, lo cert és que el Cirineu no volia de cap de ses maneres baixar de l'arbre per ajudar a Jesús a portar la creu, segons les exigències i les comunicacions que, amb insistència, li feien els soldats romans».

Acabats els Dotze Sermons, la creu que Crist havia portat a l'esquena era col·locada sobre els graons del presbiteri. La gent passava lentament a besar-la.

Cal recordar aquí la «catàstrofe de Felanitx», que succeí el dia del Ram de 1844, mentre la gent assistia a la predicació dels Dotze Sermons pels carrers de la vila.

Era l'horabaixa del dia del Ram. Sortí la processó i recorregué la primera, segona i tercera estació. Hi assistien prop de tres mil persones. Durant la quarta estació, mentre el predicador, don Simó Bordoy, àlies Casay, parlava, enfilat en una cadira de fusta, dels dolors de Maria, es va sentir un crit espantós, i plors, i gemecs.

El terraplè del costat meridional de l'església, que tenia més de 130 passes de llarg i 28 pams d'alçada, conegut amb el nom de la Timba, s'havia desmoronat i una onada de terra va caure per l'obertura. Alguns criden auxili. Hi ha gent, molta gent, sepultada; d'altres, estan mig enterrats. N'hi ha que tenen el cap esclafat... Els capellans corren. La gent no sap què ha de fer, esmaperduda. El vicari administra l'extremunció als que agonitzen. Toquen les campanes. Van sorgint cadàvers i cadàvers entre la terra i les pedres. Més de la meitat de l'Ajuntament és mort. També el capellà que feia de Bon Jesús, don Bartomeu Oliver Capó, àlies Calderé. Les cases de més a prop han de servir d'hospitals. Va haver-hi 414 morts; però el nombre de ferits és incomptable. Hi acudiren els metges del poble i els dels pobles veïns. Donaren ordre que no sortís ni un sol ca de les cases. No hi ha fossers. De nit, una crida advertia la gent que cadascú es fes càrrec dels seus morts. Hi ha qui cerca el cadàver del pare, del germà, de la filla entre les runes.

Quan sortí el sol, sobre la terra sangonosa, hi havia sabates, capes, rosaris, mantes... Vint-i-cinc presidiaris vingueren de Ciutat per ajudar en les tasques d'enterrament. Feia falta menjar, i dides pels orfes de mare, i... Els carrers desolats, l'ombra de la tragèdia... Se'n feren glosades, i algunes varen esser publicades en fulls de fil i canya.

LA FIRA DEL RAM

Els historiadors atribueixen el remot origen de la fira al costum dels ciutadans d'acudir al convent de Santa Margalida a reverenciar la Santa Faç que, aquell dia, era exposada a la veneració pública. Havia enviat el quadre on es reproduïa la cara de Crist un cardenal de Roma, vers la meitat del segle XV.

Assistia tanta gent a la feta que, aviat, també hi acudiren els firers: venedors de «cases santes» i de figures de Passió. Més tard, també s'hi instal·laren els gerrers, que hi dugueren figuretes de fang i siurells.

Amb la desamortització de Mendizàbal, el 1837, les monges de Santa Margalida hagueren d'instal·lar-se al convent de la Concepció i allà s'emportaren la figura de la Santa Faç. Llavors la fira se situà entorn del carrer de la Concepció i, més tard, a l'era de l'Hospital, fins que el 1862, per raons d'espai, va esser traslladada a la Rambla.

El fradins ja cerquen
dàtils confitats
per donar a les nines
que han d'obsequiar.

Les fadrines miren
qui los donarà

bones avellanes
i el rollo del Ram.

Pere d'Alcàntara Penya

A la fira podien trobar-se pepes de cartró, escopetes de fusta, cavalls i sabres, tambors, cornetes, carros envelats... Hi havia xerraires que tractaven d'embaucar la gent. Curanders, herbolaris que venien pomades de serp, de sargantana, ungüents i bàlsams. Un que arrabassava els queixals... I els primers *caballitos,* propietat d'un matrimoni vell, napolità, que també tenia un gran saló de pim pam pum. Fotògrafs ambulants i petits teatres de teresetes.

DIJOUS SANT

L'Església commemora, amb l'ofici solemne del Dijous Sant, el darrer sopar de Jesús amb els deixebles, la institució de l'Eucaristia i la fundació de l'apostolat. Durant l'ofici, el celebrant rememora la nit del Cenacle, en què Crist s'agenollà davant els apòstols i els va rentar els peus. Hi ha llocs en què els apòstols són dotze nins, clenxa feta, ulls espolsats; en altres, els dotze homes més vells de la vila.

La processó, quan la fosca tomba sobre les cases, omple els carrers de la ciutat i dels pobles d'ombres suaus. A Ciutat, presideix la processó el Sant Crist de la Sang, acompanyat dels confrares de la Confraria de la Sang de Jesucrist, l'origen de la qual es remunta al segle XVI. (A l'Hospital General vingueren a parar els soldats ferits i malalts, després de la desgraciada expedició al nord d'Àfrica de l'emperador Carles V. Amb la finalitat d'assistir-los, es va fundar aquesta confraria). Antany, es cantava el miserere durant la processó, i en alguns llocs l'acompanyaven amb música de violins. Després, la confraria obsequiava els seus membres amb confits —els confits grossos de les caperutxes— i coques rosades. Però també en donen, encara avui, a la gent que mira passar la processó: a les al·lotes, als infants, als amics.

Sa meva al·lota vetlava
es confits des Dijous Sant

i jo som tan ignorant
que en tal cosa no pensava.

Cançoner Popular de Mallorca

També, a més dels confits, els joves regalaven a les al·lotes una candela guarnida amb llaços de seda i flors.

Confits i altres presents,
es Dijous Sant, estimada,
ja et posaràs avinent,
que t'he de fer un present
d'una candela daurada.

Cançoner Popular de Mallorca

Els carrers eren il·luminats amb festers. La processó avançava: les confraries, els vells passos gremials de l'antiga processó: Sant Pere, agenollat davant una columna amb un gall —el plor de Sant Pere—, l'agonia de l'Hort de Getsemaní, l'Ecce-Homo, la Marededéu dels Dolors, la Samaritana, vora el pou de Jacob, on descansa Jesús:

Damunt es pou de Jacob
estava Samaritana,
n'era verda com la rama
i cremava més que el foc.

També hi havia la confraria d'*es cabrum*, que arreplegava els penitents que acudien lliurement a la processó, aquells que no estaven associats.

Bernat Vidal i Tomàs ens va deixar una bellíssima descripció de la processó del Dijous Sant a Santanyí, vers les darreries de la primera meitat del segle XX:

«... i avança el Sant Crist per la placeta de l'Escola Vella que sap acaramullar claror fins a gravar llistes de teba claror i d'ombra espessa als contraforts de l'església. Greu desfilar pel carrer de Can Ferrereta, amb el seu aire de noblesa rural. Lluiten amb l'oratge les flames dels ciris que treuen reverberacions damunt el morat dels ornaments sacerdotals. Baixada espaiosa per la costa d'en Verger, davant la Porta Murada i la casa que fou del bisbe de Nueva León, tal com recorda l'esculturat escut. I tomba la processó pel carrer del Rafalet. I passa per Ca'l Senyor Damià i per la cruïlla on s'aixeca l'antiga torre de Can Bèu...»

L'Eucaristia resta tancada a la Casa Santa —entre robes penjades a les parets i un dosser barroc— custodiada pels centurions. També custodiaven el sepulcre a l'hora del Glòria, el Dissabte Sant, i fugien espantats cap a la sagristia. Ciris que cremen, i rams de violer, i brull, el brull —blat, ordi, ciurons, llenties— sembrat dins cossiols, dipositat en una cambra fosca i ben regat a fi que germinin blancs, els brins.

DIVENDRES SANT

Stabat Mater, dolorosa,
iuxta crucem, lacrimosa,
dum pendebat Filium.

Es cantava —les veus dures, amargues— l'ofici de Tenebres. Lentament, un escolà apagava els ciris d'un candeler triangular, al final de cada versicle. En apagar el darrer, tot just quan acabava el cant de Laudes, un renou intens trencava l'aspror del silenci. Les maçoles, les roncadores, els fasos..., tractaven d'evocar el terretrèmol que es produí a l'hora en punt en què moria el Crist. Com si fossin una campana de mà, les maçoles. Davant el portal de l'església, els al·lots picaven el fas, incansables. El renou resplendia fins a les voltes. El fas era la cabota d'una branca de fasser, adobada en podar els fassers. Un mànec llarg rematat amb una maça. El fas era mascle si donava la volta completa, i era femella si no donava la volta, posat verticalment tocant enterra el cap prim. Els al·lots que tenien un fas mascle n'estaven orgullosos...

L'acte més popular del Divendres Sant era la cerimònia del Davallament. Dos capellans des de dues escales adossades a la creu baixen amb reverència una imatge articulada de Crist crucificat. Antigament, prenien part en la representació els apòstols sant Pere i sant Joan, la

Torren els xots als calius a la festa de Crestatx, a sa Pobla.

La processó s'encamina cap a la vella església de Sant Miquel de Campanet

La festa de l'Àngel al castell de Bellver.

A Búger, l'arribada del Jai.

Siurells a les fires de maig.

Pel maig, carabasses.

Moros i cristians a la fira de Sóller.

Santa Rita, al convent del Socors.

La festa del Corpus a Valldemossa: el carrer de ses Filoses.

La processó del Corpus a Valldemossa.

Les Àguiles de Pollença; al fons, Sant Joan Pelós.

A Ciutat, cauen els pètals sobre el pal·li, davant el palau del Bisbe.

Verge Maria, Josep d'Arimatea, Nicodemus i Pilat, i derivava d'una antiga representació: *El Plant de Maria*.

A Sóller, en el segle XVIII, el Davallament es feia amb música; però pertot arreu es realitza, encara avui, en un ambient de silenci, espectral i absolut. Un silenci que parla. A l'antiga representació, Josep d'Arimatea i Nicodemus demanaven el cos de Crist a Ponç Pilat. Pujaven al Calvari i desenclavaven primer les mans, llavors els peus, queien els braços morts, el cos de Crist. Llavors el davallaven i el posaven a la falda de Maria, mentre ella recitava un plant.

Després sortia la processó de l'Enterrament pels carrers i les places, el Crist mort. L'església restava buida, plena de tristor. A Ciutat la processó acabava a l'església de Sant Domènec, d'on sortiria el Crist ressuscitat, el dia de Pasqua. La processó avançava lentament. La precedia una bandera negra, la bandera dels pecats. A Manacor n'hi havia dotze, de banderes negres, enmig de dos fanals. A Pollença, davalla pels escalons del Calvari, entre fasters i cipresos. «... des del Calvari —escriu Miquel Bota— és baixada fins a la parròquia de Nostra Dona dels Àngels la imatge de Crist jacent. Nombrosos festers, abans faies de càrritx, alcen la seva llengua de foc...».

A Sineu, s'efectua el descendiment de Jesús de la Creu a la barriada del Calvari. Llavors, el sermó de la soledat de Maria i la processó pels vells carrers del poble. En alguns llocs, hi assistien les tres Maries: Maria Magdalena, Maria Salomé i Maria Cleofàs, que portaven els claus, el martell i les tenalles, símbols de la Mort i de la Passió. A Santanyí la comitiva es completava amb les «dotze espases», dotze nines amb les espases de dolor.

A la vila d'Artà el Davallament se celebra al recinte de Sant Salvador, a l'esplanada de ponent, a recés de l'església. «El cel estava —escriví el pare Rafel Ginard, que hi assistí l'any 1973, en què fou restaurat— completament tapat de núvols i sense cap bri de lluna; a estones plor no plor». El rector llegeix l'Evangeli. Els ermitans, vinguts de l'ermita de Betlem, desclaven pietosos el cos de Crist. Una veu canta: *Stabat Mater, dolorosa...* L'acompanyada porta el cos de Jesús mort a enterrar a l'església. Hi van els deixebles, els soldats, les santes dones, els botxins...

DISSABTE DE PASQUA

Els oficis religiosos del Dissabte Sant se celebraven a mitjan matí. Quan les campanes repicaven —el toc de Glòria— la gent s'alegrava, perquè pensaven que la Quaresma s'havia acabat.

Els que assistien al ritual d'encendre el «foc nou», en prenien amb una candela i l'escampaven de casa en casa per tot el poble. *Llum, llum, llum!*, cridaven els al·lots. Era la llum nova, la llum de Crist. Qui podia aconseguir un tros de ciri de fas se l'emportava a ca seva, perquè deien que servia per a guardar les persones i el bestiar de trons i llamps.

Un altre ritual d'aquest dia consistia en la benedicció de l'aigua baptismal, l'aigua nova de Pasqua. Els al·lots acudien a cercar-ne. Deien que qui s'hi rentava la cara es veia lliure de pigues i barbs. Aviat, els carrers eren plens de festa. N'hi havia que cridaven:

Arenyetes, sortiu,
que el Bon Jesús és viu!

A Sóller, el Dissabte Sant penjaven pels carrers, en un filferro estirat d'una façana a l'altra, els «homos de bulto», uns moneiots que tractaven de representar Judes, l'apòstol traïdor. Quan tocaven Glòria, els caçadors disparaven les escopetes als «homos de bulto» —la bubota de Judes—, que queien a trossos...

La gent, aquest dia, feia les panades: carn de xot, farina, saïm, sense llevat..., els robiols —de brossat, de confitura de cabell d'àngel...—, els crespells en forma de cor —els corets de Pasqua—, i d'estel, i de peix...

L'horabaixa, el salpàs —un capellà i dos escolans— es passejava de casa en casa i les beneïa amb l'aigua nova:

Noltros tenim es costum
d'anar a beneir ses cases.
Tant fadrines, com casades,
dones, encenen es llum.

Cançoner Popular de Mallorca

«Enceneu es llum, que ve el salpàs!», cridava l'escolà. La benedicció del salpàs protegia les cases contra les bruixes i espantava els mals esperits. A moltes cases es beneïa també un plat de sal, que llavors servia per a preservar el bestiar de malalties.

PLENILUNI DE PRIMAVERA A POLLENÇA

DILLUNS SANT DE 1990

Cau la lluna plena sobre el poble. Sobre les teulades de les cases, sobre l'asfalt dels carrers, sobre les places, la blanca serenor de la lluna. La primera lluna de primavera. Tenc una embosta de lluna dins les mans, ni que fos una grapada de sal viva. La lluna de Nissan, amiga meva.

La lluna cobreix la terra i l'aigua de les cales, les valls ombrívoles i els pins escambuixats ran de les ones. Anit he vist la lluna que plorava vora una creu i el plor anava a caure dins el mar. Anit he vist la lluna que plorava llimones sobre el mar.

Això era el Dilluns Sant de 1990. Havien passat coses, aquell any de sequeres. Els homes —alguns homes— havien perdut pel camí algunes veritats, les veritats solemnes i absolutes. Potser, alguns d'aquells homes guanyaren, aquell any, un bri de llibertat. Va ploure poc i les fonts emmudiren. També les ferides del Crist crucificat van estroncar-se. Ni un degotim de sang, les nafres seques. Va eixugar-se el plor, aquell any. S'eixugaren els plors de totes les verges doloroses. Només algunes llàgrimes de plexi-glass pel rostre de les verges.

Què seria de nosaltres sense la representació anual dels dies sants? La religió, diuen els antropòlegs, sorgeix de la capacitat de l'home de representar la vida, del nostre afany d'explicar als déus que la vida és difícil. Durant una setmana tornarem a viure la passió i mort de Nostre Senyor. Què seria de nosaltres sense la mort de Crist, tots els anys, en arribar la lluna plena de primavera? Necessitam representar que Crist ens redimeix, contínuament. Potser es cansarà, algun dia, de redimir els homes, i llançarà la creu —potser la llançarà al fons de la mar, a fi que uns altres mariners un altre jorn la trobin—, i es treurà la corona d'espines, enrabiat de veure que el seu dolor és inútil, i tots els claus, els claus duríssims que foradaren la seva carn de marbre, i deixarà de suar sang i aigua, el Crist, cansat de redimir-nos.

—Tenc set!
Encara és un home que té set. És tota la humanitat d'un home.
—Tenc set!
—Però, què et passa, tio? Prendries un gin-tònic?
Ha alçat la veu, i crida:
—Pare! En les teves mans coman el meu esperit.
I va doblegar el cap, mentre moria.

I rodolà la lluna l'escala del calvari. La lluna parteix a córrer vestida de Verònica per les valls de Pollença. L'heu vista, la Verònica, mentre plorava dins la vall de Ternelles?

Secretament, aquell dilluns sant de 1990, vaig recordar-vos aquests versos de Miquel Costa:

Com una reina en dol de tràgic infortuni
la lluna amb roig esguard de dins la mar sortí,
com escampat record d'un altre pleniluni
en què suor de sang guaità a Getsemaní.

Pleniluni de sang, la història dels homes. Quina classe d'humanitat és la d'aquells éssers que s'amenacen contínuament amb la guerra, l'assassinat i la mort? L'home crea el patiment, l'atrocitat, la tortura, la mort col·lectiva, la repressió... La guerra forma part de la tradició humana. La crueltat, la violència, la cursa d'armament, el terrorisme, els centenars de morts a la carretera cada cap de setmana, la destrucció persistent de la natura són una invenció dels homes. L'home els ha creat, continua creant-les —recreant-les—, aquestes atrocitats quotidianes. De la nissaga de Judes, servidor de l'enveja i de la insídia. Com una reina en dol de tràgic infortuni, la història dels homes. Una gota de sang, la lluna, sobre el mar, sobre les oliveres de Pollença, que cediren els rams en flor, la cabellera verda, per a l'hosanna. Ran de les velles soques d'aquestes oliveres que encara donen oli, Crist pregà Déu que l'alliberàs del calze. Féu aquella oració, diu el poeta, «qui esglaià els àngels».

Aquell dilluns sant parlàrem de la mort de Crist i, també en secret, vaig remembrar les paraules de mestre Ramon Llull, el qual a la *Doctrina Pueril* exhorta: *Ab amor e ab plant te deuria esser recontada, amable fill, la passió de nostro Senyor Deu Jhesu Christ, car aquella mort e passió fo la major contrestació d'amor e de dolor que anch fo ni pusca esser.*

Recontada amb amor i amb dolor, la passió de Crist: la necessària representació anual dels dies sants. El sopar sant del Cenacle entre paraules afectuoses i promeses de fidelitat... Mentre sopava agafà un tros de pa i una copa de vi... El pa i el vi de les terres mediterrànies convertits en hostatge de Déu. Els ciris i les flors, blanca la llum, una punta d'estel en cada ciri, la blancor tendra del brull. I els violers s'allarguen, i els lliris d'aigua, i les anèmones. Tremola la vall, perquè ací arriba la lamentació del profeta: ara està torbada la meva ànima. L'oració de l'Hort, la traïció de Judes, els deixebles que fugen esporuguits. Només la lluna resta fidel, la lluna plena. Coronat d'espines, el cos nafrat per la llandera, humiliat pel botxí, cobert de saliveres. Era divendres, a les tres de la tarda... El cel i la terra en van fer sentiment. Un a un s'apagaren tots els ciris del cel. La tenebra, com una cortina morada, cobreix la terra. És el ple de la foscor. La primavera conté la seva força i la natura s'immobilitza, només per uns pocs dies: els arbres callen, les flors s'acopen, la vida s'estronca, potser els ocells no canten, aquest dia, ni exhalen els gessamins la seva aroma. Entre xiprers luctuosos, l'austera processó del Davallament. Des del cim del pujol de les forques, davalla el Crist jacent amortallat fins a la parròquia de la Mare de Déu dels Àngels. Lenta, la processó, lenta, la lluna sobre el cadàver.

Diu l'Evangeli que va morir de tant d'estimar els homes i redimí la carn humana prenint-hi gentil i dolorós estatge.

Crist mor a la creu, lentament, mort de set. La lluna vingué a beure's el seu últim alè. El Crist generós, dissident i tendre del sermó de la muntanya: feliços els pobres en l'esperit, els humils, els qui tenen fam de set d'esser justs, els compassius, els nets de cor, els qui posen pau... Crist mor a la creu per amor: un manament nou us don, un manament nou d'amor. L'amor que tot ho venç. L'amor que fecunda. L'amor que dóna sentit als actes de l'home. Passió, perfil de foc, l'amor. «Si no ens entenem per llenguatge —escriu Ramon Llull al *Llibre de Blanquerna*— entenem-nos per amor». Mort en creu per amor als pobres, als desvalguts, als que la vida arrossega a les platges amargues de l'existència. Als pobres de tots els temps i de totes les històries. Només compta l'amor, amb tota la seva humanitat, l'amor. Potser Déu —el Déu de l'Escriptura— es va fer home per conèixer l'amor fins a la mort. Per arribar a saber què és estimar fins a la mort. La utopia de Crist, que tornarem a representar durant els dies sants de 1990, emproats cap al final d'un segle sanguinari com tots els segles de la història. Correrien els rius i el mar tornaria vermell, si tota la sang que els homes han fet córrer s'arreplegàs de sobte, d'ençà que Crist morí penjat a l'arbre de la Creu. Els assassins no són una espècie extingida. Encara hi ha homes que maten, cada dia. Encara hi ha homes que decideixen l'extermini del seu germà proïsme. I la percepció d'aquesta sang quotidiana a través dels mitjans de comunicació ens fa tornar manco sensibles, com si haguéssim posat una cuirassa al dolor.

No són una espècie extingida, els assassins. Són, bé que ho sabeu, contemporanis nostres.

Crist morí per amor. Només de la mort, volia dir-nos, en ressorgirà la vida: en veritat us dic que si el gra de blat no cau en terra i mor, ell sol romandrà, però si mor, treurà molt de fruit. Heus ací la puresa de cristall del missatge evangèlic. Crist mor, en tancar-se el cicle de la lluna de primavera. És bella, l'agonia de Crist, i suggestiva. Crist —afirmava Passolini— és una obscura llum.

Després dels dies sants, perduda la lluna en l'horitzó del mar, totes les coses reviuran, el dia de Pasqua. Els arbres i les flors recobraran el ritme natural de la vida: els violers i les frasèlies, les alzines dels alzinars i els pins de les pinedes. Havien callat momentàniament, i ara desperten, en sentir tocar glòria. Una veu remota potser cantarà encara la cançó de la festa: «deixem lo dol». La vida brosta, novament. Crist ha ressuscitat i, de bon matí, tresca pels carrers de la vila, la bandera alçada de la victòria. De la victòria que ha vençut la mort. La Mare de Déu parteix al seu encontre, entre músiques i festa. L'ha conegut de lluny i somriu. També somriuen la terra i el cel, aquest matí. També somriu la primavera a Pollença, després del pleniluni.

(Pronunciat a l'església del convent de Sant Domingo de Pollença, dia 9 d'abril de 1990.)

PREGÓ DE SETMANA SANTA

ELS PERFUMS DE PASQUA A LA CIUTAT DE LA SANG I EL MAR

Mira la Pasqua, de blanc,
color d'hòstia... i era sang!

Blai Bonet

Sobre la ciutat, arrecerada al fons d'una badia oberta al llebeig, entre palmeres silencioses i pinedes que canten la impotència verda de la terra, recalen els perfums venturosos de Pasqua.

Es tracta d'un codi que cal interpretar amb delicat esment perquè ens permet de reconèixer els llocs que hem trepitjat i les persones; ens permet de descodificar la dansa subtil de les vibracions, de penetrar en la química del llenguatge, d'entendre el missatge harmoniós que ens arriba a través de l'olfacte, de captar la festa —les festes del poble— per mitjà de l'aroma que la festa destil·la.

La vivència de Pasqua a través dels perfums mediterranis que la primavera esperona: perfum de cera, de palmes i olivera, d'encens i de flors, perfums de pólvora a la matinada. Alborada de Pasqua: tots el blaus de la veu, el color salat del mar. Pasqua que riu rere l'hivern que fuig. Pasqua florida entre boirelles.

En la ciutat es concentren els perfums que arriben de l'illa endins: esclaten les figueres i els vinyets, els sembrats encara són tendres, la Casa Santa és blanca de brull, les abelles tornen a sortir, floreixen pels faldars de la Serra el romaní i la senyorida, mentre la terra s'omple d'una verdor nova sobre el dol de la Verge. S'hi concentren els perfums que duu el mar: l'olor d'alga marina, el perfum dels ports allunyats, dels pobles perduts al fons d'una cala, enfilats a les roques. He sentit contar als vells mariners que les illes mediterrànies es distingeixen de lluny pel seu perfum: olor de pins i llimoneres, olor de codony —d'aquells codonys que les donzelles de Lacedemònia menjaven la víspera de les seves noces per a concebre fills rossos—, olor de terra banyada per la pluja prima, benèfica. El perfum remot que transporten els rius que desemboquen en el nostre mar. Un mar ran del qual han conviscut durant segles déus i profetes, mercaders i sirenes, somnis antics i antigues pors. En les terres que voregen aquest mar han sorgit les formes més altes de convivència i de cultura, les lleis que han marcat els camins dels pobles. (Avui, aquest mar —el nostre mar— és en perill de mort, escenari de lluites sangonents, sovint espoliat). Per la festa de Pasqua els àngels esfullen flors de violer: jeroglífics de festa. Floreixen les aspíries, els rosers aponcellen... I potser mor el Crist, perquè el poble pugui sentir-se viu. S'hi concentren en la ciutat els perfums de la misèria i de la por. No és difícil captar-la, la misèria a través de l'olfacte; perquè té una olor pròpia, la misèria, i la mentida, i la poquedat, i la mort —sentia olor de mort, el Crist, la nit aquella del Dijous Sant, l'ensumava, la mort—. Els perfums susciten la creació d'universos coherents. La llum, la primavera, la tarongina blanca, el silenci de pedra entre músiques funeràries configuren el ritual de Pasqua, entre l'expressió sumptuosa del dolor i la vitalitat dels homes. Una cançó antiga posa en llavis de la Verge dels Dolors aquestes paraules:

> Mares que teniu infants,
> veniu a aidar-me a plorar!

És també la ciutat de la Sang, la nostra. D'una sang coronada d'espines: perfum de la tristesa, de la mort lenta entre ruïnes, el perfum dels pobres: de la gent que cerca una mica de menjar en les bosses de fems, dels captaires, persones que ningú no coneix, homes dements o massa rebels que ningú no vol, gent que mor lentament sota el pes de la droga o de l'alcohol, el perfum antic de la prostitució, l'agonia lenta dels qui cerquen la vida en la venda del cos, el perfum de la presó i la derrota. Per la via de la Creu que condueix al mar, la sang. De quina matèria és fet, el dolor? Vull tenir l'esperança que mai no és inútil, que no s'envileix ni es corromp, el dolor, sinó que es transforma com la sang del Crist es transmuta en aigua perfumada de primavera. Cada gest humà, cada sentiment, cada misèria, cada plor, cada espina: res no és perdut; que fins i tot el fem abscondeix el misteri de la resurrecció. Restes d'un naufragi, tanmateix, materials d'enderrocament, deixalles de diumenge, ferralla de cotxes. I l'olor de la por. La por difícil de cada dia. L'esperança de Pasqua. La vida que reneix de la mort. És d'aquesta manera que la creu s'humanitza. L'he mirat de primcompte, el Crist de la Sang vora el mar. És la figura d'un sentenciat, té el rostre d'un home que mor, és el gest d'un ésser que pateix, que se solidaritza amb els qui pateixen —també va fer-ho a Betlem, vora el pou de la Samaritana, a l'Hort de les Oliveres—, germà dels homes desposseïts de la dignitat, pregoner de la solidaritat, solidari amb la vida que torna a renéixer.

La creu del suplici s'omple de flors, en arribar Pasqua. Floreix, la creu, perquè és Pasqua Florida. L'he mirat de primcompte, el Crist de la Sang. De quina llenya és fet? Potser es recorda de quan era un arbre entre marjades. Se'n recorda, potser, del vent i de les pluges, de la lluna que gira, de la terra que l'escalfor del sol torna a commoure. Potser va esser un cirerer, aquí on el veis; un noguer, potser, o una olivera platejada... L'he mirat de primcompte i he observat el seu somni llargament acordat. Somniava, el Crist, que la llenya de què és fet brotonava, que li creixien les branques de bell nou i les fulles tornaven a cobrir-lo, que tornava a florir, després de l'hivern, tot just en arribar el bon temps: fulles i flors que brosten de la Sang, aparentment derrotada. Fulles transparents, flors blanques de Pasqua.

Una de les característiques més accentuades de la religiositat popular és la conjunció màgica de propostes contràries que trobam sovint en les grans festes: en un pessebre, escalfat per un bou i una mula, neix el fill de Déu, l'adoren els pastors i li canten els àngels, tres reis vinguts de l'Orient que han seguit l'anunci de l'estel arriben a la cova i li presenten les seves ofrenes. En contrast amb els dies luctuosos de la Passió, Pasqua és la festa de la primavera. Les campanes repiquen i la Mare —l'heu vista, la Mare, que salta d'alegria?— abandona els brials de dol, perquè el cor li riu perquè és dia de Glòria, perquè l'arbre de la creu —l'arbre del suplici— ha tornat a florir entre lliris de festa.

Un poeta mallorquí del segle XVI, Jaume d'Olesa, en la seva *Adoració de les cinc plagues de Jesucrist,* ens presenta la creu com un arbre sec plantat en la roca de la muntanya del Calvari del qual brollen venturoses fonts d'aigua viva.

Adoreus fonts vives, brollant del sec arbre
de Monti Calvari, plantat en la roca,
de la qual tot home en l'aigua quan toca
guareix, si per culpes lo cort té de marbre.

Quasi tres segles abans, Ramon Llull escriu que dividirà en cinc parts el llibre de Blanquerna, *a significança de les cinc nafres les quals nostre Senyor Déus Jesu Christ prengué en l'arbre de la vera creu per rembre lo seu poble.* També en les antífones de la litúrgia del Divendres Sant trobam aquesta imatge de la creu que floreix, plena de vida: *Ecce lignum crucis in quo salus mundi pependit*, perquè mai no en brostarà, de cap bosc, un arbre tan noble com la creu.

Un arbre obria l'Antic Testament —l'arbre proscrit del Paradís—, a través del qual l'home és derrotat, i sobre l'arbre de la creu del Nou Testament trobà l'home la seva redempció; perquè aquest és el triomf de la Sang, vora el mar.

En les llegendes que expliquen l'origen de les imatges del Crist crucificat hi ha sempre repetides dues mateixes variants: unes fan referència a l'arribada de la imatge pels camins de la mar —la tempesta condueix la nau fins a un port i en aquell indret s'estableix la devoció i el nou culte—. El vaixell és a punt de naufragar, perilla la vida dels mariners. Algú ha promès que, si arriben a port, hi deixaran la imatge. Les ones menen la barca al punt on, per voluntat pròpia, la creu vol recalar per sempre. D'altres relats expliquen l'aparició de la imatge en el tronc d'un arbre: en la soca d'un noguer o d'una olivera... I és la terra, llavors, que l'alimenta, perquè les fibres del Crist xuclen la saba i l'arbre s'omple de fulles, en arribar Pasqua. L'arbre brosta amb més força, si pot arrelar profundament en la terra, car l'energia i la vitalitat li vénen del terreny. L'arbre brosta amb més força si se sent estimat per la terra vella, amor secret.

L'he mirat de primcompte, el Crist de la Sang, i he observat que enyorava aquella antiga saba, els vents i les pluges, la claror del sol i la rosada. Li tornaran a créixer les branques i tornarà a brostar, florirà novament, després de la primera lluna plena de primavera. Ni el dolor, ni la fam, ni la poquedat no es destrueixen, tanmateix —no es corrompen els patiments humans, sinó que es transformen com la matèria, perquè no existeix ni un sentiment inútil—. No es corromp, el dolor. Llavors, la ciutat de la Sang vora el mar, potser algun dia quan tot s'haurà complert, florirà amb el Crist el dia de Pasqua en tocar Glòria.

(Pronunciat a l'església de l'Hospital de la Ciutat de Mallorca, dia 10 d'abril de 1987. Divendres de Passió.)

PASQUA FLORIDA

El dia de Pasqua, de bon matí, les campanes repicaven, mentre sortia la processó de l'Encontrada. Pasqua és el diumenge següent al primer pleniluni de primavera, i és una festa transparent, gloriosa: Pasqua Florida. La gent partia ben mudada de caseva, en sentir les campanes. Jaume Oliver escriu al *Llunari Pagès*: «Més fresca que un brot de murta, la gent s'aixeca dematí. Tothom va més mudat que un garbelló. Ses famílies, amb estols, van de pressa cap a sa Font. No ho sentiu? An es convent ja repiquen...».

Durant la processó succeeix la trobada de Jesús amb la seva Mare. Antigament, a Ciutat, la imatge de Jesús ressuscitat sortia de l'església de Sant Domènec, i la de la Mareded́éu sortia de la Seu. L'encontre es produïa davant el portal de l'Almudaina, la mar al fons.

Als pobles, encara avui, els homes van rere la figura de Jesús, les dones, rere la de la Mareded́éu, que està contenta, perquè li han dit que el Fill ha ressuscitat.

En el moment de l'encontrada la Verge pega tres salts d'alegria, o fa tres reverències, i la música toca, els escopeters disparen —els trons esqueixen l'aire del matí—, les campanes repiquen.

Durant l'ofici solemne, el sermó era breu; car la gent estava cansada de sermons i tenia pressa de partir a caseva a berenar de frit: el frit de Pasqua, amb fonoll, i faves tendres, i grells, i pèsols... Al convent de Sant Bonaventura de Llucmajor era famós l'anomenat «sermó de s'enganaia» o «de s'enganaia des frare», un residu del *risus paschalis,* el ritual riure de Pasqua. Tenim notícia que aquest joc entre el predicador i l'organista —«Es diu de s'enganaia (ha escrit Francesc de Borja Moll) perquè el predicador fa tot el que pot per acabar el sermó quan menys s'ho pensi l'organista, i aquest fa també els possibles per enganyar el predicador posant-se a sonar l'orgue quan el sermó està a les acaballes»— també s'efectuava a Montuïri, Algaida, Vilafranca i Felanitx. L'organista rompia amb tota la trompeteria, si podia ofegar la veu del predicador.

Es provocava l'alegria i les rialles de Pasqua. I la gent feia cara de festa —«cara de Pasco», «més contenta que un Pasco»— amatent i alegre. Els joves cantaven pels carrers, de casa en casa, els goigs de Pasqua i les corrandes del «deixem lo dol» o de «les sales» i s'acompanyaven de guitarrons, de guitarres i ferraguines... i convidaven les fadrines al ball:

An aquesta casa honrada
ja hi comença a sortir fum:
sa madona encén es llum
per donar-mos sa panada.

Deixem lo dol, deixem lo dol,
cantem amb alegria
i anirem a dar
les pascos a Maria.

Fadrina qui donarà
panada grossa i ben blanca,
que se destir de sa manta!
que la convit a ballar;
i, si mai no ha feta planta,
en aquest ball en farà,
perquè més llums hi haurà
que a qualsevol Casa Santa.

Una fadrina de Muro
una panada em donà,

i dedins hi va posar
més d'un quintar de verdura.
Ell no sabia, sa pura,
s'altra gent de què les fa.

Senyor batle, mos vol dar
catorze o quinze panades
que tenguin moltes tallades
i pasta, no ve a un guintar,
que, de tant de dijunar,
tenim ses dents roveiades.

SEGONA FESTA DE PASQUA

L'endemà de Pasqua i, durant l'ofici, el quaresmer predicava el darrer sermó i s'acomiadava de la gent. Aquest sermó solia dir-se «del ramell» o «dels ramells», perquè el predicador simbolitzava en una flor les virtuts que s'escauen a cada estament: «... sa flor passionera a ses autoritats —escriu mossèn Alcover—, sa rosa a ses fadrines, es clavell an es fadrins, s'assussena a ses casades, es lliri an es casats, sa violeta a ses viudes, es floquinés an es viudos, etc.»

En alguns pobles la nit de la segona festa tornava a haver-hi ball.

SETMANA DE PASQUA. FESTA A LES ERMITES I ALS SANTUARIS

La setmana de Pasqua, del dilluns de Pasqua al Diumenge de l'Àngel, la gent acut a les ermites i als santuaris, i celebra la festa per les garrigues i els pinars, prop del lloc venerable. Hom hi puja en processó o en estols, assisteix a l'ofici i escolta el sermó, en el qual es parla de l'origen remot, gairebé llegendari, de la festa.

La gent passa, l'un rere l'altre, a besar la imatge de la Verge, el Sant Crist o la figura del sant que es venera en aquell lloc. Canten els goigs i invoquen la necessària protecció. Hom demana la pluja per als sembrats, la salut per al bestiar i per a les persones, la feina, la força per a no caure en la temptació de pecar, la intercessió a l'hora de la mort, el bon temps a la mar, la gràcia d'un parteratge feliç, la protecció dels àngels custodis... Llavors, asseguts sobre l'herba, en una pedra plana o en un tros de soca, es mengen les darreres panades. Vendran després les corregudes, el joc d'estirar corda, el ball... Jotes i boleros, copeos i mateixes...

Que estàs de sana i vermeia,
molt t'aprofita es menjar;
si estàs en lloc de pinar,
m'estrany que no tenguis teia.

Cançoner Popular de Mallorca

Explica mossèn Alcover, tot referint-se a un escrit de Pere d'Alcàntara Penya, que «...ets antics Jurats de Mallorca, es diumenge de l'Àngel —que el celebraven amb tota solemnitat festejant l'Àngel de la Guarda de Mallorca—, quan s'acabava l'ofici a s'esgleieta del temple, repartien un pa a totes ses famílies pobres, i aquella bona gent es capvespre el s'anava a menjar per davora sa Riera; i an aqueixa modesta bauxa li deien "pancaritat", perquè se menjaven aquell pa que per caritat havien rebut. I aqueix nom després se va estendre a totes ses bauxes que es feien sa setmana de Pasco fora porta i per fora vila...».

És la primavera i el camp floreix: el romaní, els llevamans, les estepes —val la pena de pujar en aquest temps a la muntanya de Randa, només per veure la florida de les estepes—, els albons...

En alguns pobles la festa se celebra el dilluns de Pasqua: a Andratx pugen a la torre de Sant Elm, a Biniamar, al santuari de la Marededéu de la Reconciliació, els poblers, al santuari de Lluc, a Muro se celebra la festa de Sant Vicenç Ferrer, «... que treia aigo amb un paner i no en vessava cap gota...», a la petita església de sa Bassa Ferrera, a Pollença, al puig de Maria, a Selva, a l'oratori de Crist Rei...

La tercera festa de Pasqua —dimarts— a Alcúdia pugen al santuari de la Victòria; a Ariany, Petra, Sant Joan i Vilafranca, al santuari del puig de Bonany; a sa Pobla, a Crestatx, cap on és portada en processó —penons i banderes— la imatge de la patrona Santa Margalida. Alguns anys s'hi fan mostres de cançons del camp, les veus dures, amargues, quasi un crit de la terra, dels poblers. A Campanet es dirigeixen cap a l'oratori de Sant Miquel des de la plaça del poble, pel camí vell; a Felanitx, al puig de Sant Salvador; a Llubí, a l'ermita del Sant Crist; a Manacor, al santuari de Santa Llucia; a Montuïri, al puig de Sant Miquel; a Esporles, les brodadores acudien a la font de Son Mas —sa Font Salada— i s'aturaven a beneir les panades vora les «potadetes del Rei en Jaume»; a Algaida, al santuari de la Marededéu de la Pau de Castellitx:

... la processó s'encamina
amb les banderes ben altes
cap a l'antiga parròquia
de la Pau. La Verge Santa

hi té allà una esglesieta
vella, que diuen que data
d'en temps primer, d'aquell temps
en què Algaida no era Algaida.
Fins a Binicomprat senten
el renou de la campana
del campanar de la vila
que la processó acompanya.
Quan la seva veu se mor
com una remor llunyana,
de per davant ja se senten
els tocs infantils d'una altra
campaneta més petita,
debanadora de l'aire,
que de la Pau mos saluda
amb una cançó de plata.
El camí és com un rosari
que s'aplega i que s'allarga...
A davant de tot, la creu,
darrera, velles beates
i, entre la creu i les velles,
la joventut que no es cansa.
Elles, pageses d'avui,
duen bruses ciutadanes;
i ells, en cosset de camia
i unes espardenyes blanques.
Enmig dels resos floreixen,
flor de salut, les rialles.

Pere Capellà

Encara, el dimecres de Pasqua, la gent de Lloseta celebra la festa del Cocó, al santuari de la Mareded éu del Cocó, vora el torrent. El sermó, durant l'ofici solemne, rememora la trobada en un cocó del torrent, entre l'herbei, l'any 1233, pocs anys després de la Conquesta de Jaume I.

LA MARE BLANCA

Era d'estiu, en nit obscura. La fosca es desprenia de la volta del cel i s'escampava pel faldar de la muntanya, fins a la garriga i les pastures. Lluny, més enllà de les esferes, sota la corba negra, polsegueres d'estels. Entre les ombres, l'esquelleig de les ovelles inquietes. Cercaven en la sequedat dels guarets un bri d'herba tendra, les ovelles, la frescor d'un matoll. Sobtadament, el pastor de Son Suau descobrí una claror blanca en la fissura d'una roca, ni que hagués caigut un estel en l'espessor del bosc. És l'alba que creix entre xiprells —pensava el pastor—, l'alba que trenca en una escletxa, l'alba que escampa sa blancor de pa pels cardessars eixuts i difícils. Va acudir-hi, el pastor, atret per la llum, i va trobar-hi aquella figura, lluna blanca de calç. Ningú no diu si el pastor va plorar, aquella nit. Dins les seves mans, emperò, tremolava la mare com si fos una espiga.

La Marededéu de Sant Salvador de Felanitx.

DIUMENGE DE L'ÀNGEL

Amb la festa de l'Àngel, diumenge després de Pasqua Florida, s'acaben els pancaritats i les festes als santuaris i a les ermites. Encara, aquest dia, la gent d'Alaró puja al Castell i celebra la diada de la Verge del Refugi; la de Llucmajor, al santuari de Gràcia, sota la cova de s'Aresta, a la muntanya de Randa; la d'Inca, al puig de Santa Magdalena; la de Porreres, a Monti-sion; la de Santa Maria del Camí i la de Santa Eugènia, al santuari de Son Seguí; la de Valldemossa, a l'ermita de la Trinitat; la de Sencelles, a la caseta de Sor Francinaina, a s'Erissal...

A Ciutat, la diada en honor de l'Àngel Custodi va començar a celebrar-se l'any 1407 per iniciativa dels jurats. Se celebrava l'endemà de la *dominica in albis,* el dilluns del primer diumenge després de Pasqua. Hom demanava que l'Àngel alliberàs aquest regne de pestes, de les pestes terribles que assolaven Europa. El bisbe de Mallorca proclamà la celebració de la festa i fou tan solemne com Pasqua i Nadal. En temps del papa Urbà VIII, al segle XVII, es traslladà al diumenge. Hi havia processó, que feia el mateix recorregut que la del Corpus, amb representacions teatrals i àngels d'ales daurades que portaven una creu en una mà i la maqueta de la ciutat en l'altra.

Amb els anys, la festa de l'Àngel ha estat transformada en diada cívica. Els ciutadans pugen al castell de Bellver i celebren la festa. Anys enrera, acudien a sa Font Santa, a sa Marina de Son Vent, al pla de la Bonanova, al santuari de Portals... Actualment, els boscos de Bellver, la gran esplanada i el Castell aglutinen la festa que convoca la Federació d'Associacions de Veïns de Palma. Hi ha música i teatre i balls antics. L'any 1983 hi assistí, vengut de Catalunya, el Drac de la Geltrú; i el Petit Teatre Valencià, l'any 1985.

23 d'abril

SANT JORDI, CAVALLER. LA FESTA DEL LLIBRE

No us podria dir, encara que m'hi esforçàs amb especial afany, en quin moment de la vida el paisatge del Pla de Sant Jordi —aquestes terres d'horta conreades amb esforç, els molins de vent en un cantó del tros, a vegades d'una verdor tendra, llavors blaves com el mar, llavors d'argila..., i el trenc d'aigua que corre entre els cultius— em fou familiar. No sabria dir-ho, perquè es tracta d'un paisatge que sent com si fos meu, retingut en la memòria, vinculat a la festa, al goig subtil d'una festa íntima.

Quan jo era al·lot —ja sabeu que era en temps de postguerra, en un poble del Pla que confronta amb el vostre— només baixava a la ciutat una volta a l'any i encara, si m'havien de comprar unes sabates noves, o si havien de portar-me a la consulta especialitzada d'un metge, o si m'havien de dur a cal retratista. Podeu pensar i creure que les sabates noves, la consulta del metge, la càmera misteriosa del fotògraf arribaren a tenir el mateix sentit captivador i festiu. Davallar a Ciutat era sempre una festa. I el camí de la festa passava invariablement pel bell mig del vostre paisatge: un paisatge amatent de molins que voltaven, l'aigua fresca que sortia de la foscor profunda de la terra, de vaques que pasturaven tranquil·les...

El meu pare, per necessitats del petit comerç familiar, acudia sovint a la ciutat i em portava —llavors no hi havia pastissos al forns, perquè la farina no era un producte de circulació lliure—, em portava, dic, una poma. Potser la poma més grossa que trobava al mercat. Tant m'hi vaig aficionar, que aviat la paraula s'incorporà al meu vocabulari bàsic. Quan el meu pare arribava i em donava la poma, em recordava del mercat, del camí aquell que vorejava els molins espigats, l'aigua generosa...

En aquell temps en sabia poques coses, del poble que veia, en passar, acaramullat sobre un turó. El meu pare em deia que un oncle seu —l'oncle Pere, germà del meu padrí— havia vengut a establir-se a Sant Jordi quan es va casar (això era a les darreries del segle passat), que portà el nostre llinatge i tingué fills, i néts, i besnéts... Però quan m'ho explicaven jo pensava en el patriarca Abraham que partí amb la seva cabra —no crec que l'oncle Pere portàs una cabra, en establir-se ací— cap a les terres abundants i fèrtils d'Ur. I, tanmateix, tots som fills d'Abraham. I moros, jueus i cristians l'han venerat.

I llavors en sabia poques coses i allò que n'he après, ho he après de gran.

Al llevant de Ciutat, en un prat d'aigües pantanoses i marismes malsanes amb terres i turons que emergien de l'albufera, entorn dels quals s'alçaven algunes grans possesions de secà: Xorrigo, Son Gual, Son Ferrer, s'Aranjassa, Son Oms, es Rafal..., el cavallers de Sant Jordi aixecaren després de la Conquesta de Jaume I una església —l'església de Sant Jordi del Pla de Ciutat, l'existència de la qual coneixem des del segle XIV per l'obra pia que a l'esmentada església deixaren en testament algunes nobles senyores—, semblant a la de Sant Pere d'Escorca, Sant Miquel de Campanet i Sant Pere de Castellitx. Aquest territori, tot i que era ocupat per una llacuna, havia estat habitat des de l'edat del bronze —el prat de Catí: el prat habitat, segons els arabistes—, de la qual cosa en són testimoni els vestigis talaiòtics de Son Oms, Son Sant Joan i Son Oliver...

No sabia, llavors, que aquell paisatge que observaven els meus ulls era el resultat de l'enginy i del treball humà. De l'esforç dels homes i les dones que regaren aquesta terra, un any rere l'altre, amb les gotellines sordes de la seva suor, tant com amb l'aigua abundosa dels pous.

Però havia estat una terra malsana: les aigües pantanoses, el llim de l'albufera, el llot de la llacuna... No és estrany que les mentalitats més progressistes no abandonassin la idea de la dessecació. Perquè se'n treurien beneficis per a la salut, guanys econòmics i la possibilitat d'utilitzar per a l'agricultura les terres obtingudes de l'assecatge de la marisma. Els primers varen esser els homes de la Il·lustració i la Societat Econòmica d'Amics del País. Els treballs definitius restaren a mans de Paul Bouvij, l'enginyer holandès vengut de la ciutat d'Amsterdam —la ciutat sobre la llacuna—, que, a mitjan segle XIX, planificà canals de desguàs, traçà noves síquies i aplicà la força del vent a l'extracció de l'aigua dels pous. El vell Prat de Sant Jordi es transformava —de bell nou cal evocar la suor i l'esforç de molts homes— en una terra d'horta —l'Horta de Ciutat—, esponerosa i feraç.

Però, tot això no ho sabia.

Al meu poble del Pla, havia sentit parlar en alguna ocasió d'un vell capellà —don Rafel Oliver d'es Molí d'en Bosso, el capellà màquina— que treballà al costat de l'enginyer holandès.

Don Rafel Oliver va viure obsedit per la invenció d'una màquina capaç de mantenir-se sempre en moviment: el moviment continu fou la seva dèria. La gent deia que l'havia construïda d'albons i que mai no fallava; però quan la reproduïa amb ferro, perdia la força. El capellà màquina va escriure breus opuscles sobre l'educació de les filles, discursos sobre la conducta dels joves i vells «que van de casar o estan enamorats», proclames en defensa de la llengua de Mallorca. Però l'invent més imaginari que va projectar fou la construcció d'un telègraf que comunicàs la consciència dels homes amb Déu, a fi que aquest pogués dirigir telegràficament les ànimes i enviar amenaces de càstig als «miserables pecadors del món». Aquest projecte —que feia innecessària l'existència dels capellans i de l'Església— el féu entrar en conflicte amb l'autoritat eclesiàstica, que li decantà per algun temps l'autorització de dir missa i de confessar.

Es queixa en el seu *Desafio General de Molins de Vent, de Bombes, i de Sinis, contra els aficionats a fer sa monea i sa rata*, publicat l'any 1868 a la impremta de Can Gelabert de Ciutat, de la manca de tècnics que construeixin i perfeccionin els molins, que coneguin els secrets del vent, perquè «és molt variable —diu— en direccions i en forces».

Aviat aparegueren centenars de molins sobre aquell camp tot just conquistat al fang, que s'uniren als molins fariners dels barris forans: d'es Molinar i d'es Jonquet... Passats alguns anys, el poeta costumista Pere d'Alcàntara Penya va descriure amb aquests versos aquell floriment d'aspes i torres:

Molins per les síquies
molins dins Ciutat,
molins dalt les penyes
molins prop del mar,
molins per les viles,
molins en el Prat...

Poesies en mallorquí (1898)

Retenc en la memòria un viatge a Ciutat en carro durant el qual el padrí —el meu padrí tenia un carro de traginer i una euga amb un estel— em recontà la llegenda del cavaller Sant Jordi.

Imaginau-vos l'alegria del camp que sentia un al·lot del Pla, avesat a la sequera persistent i aspra. Baixàvem les costes de Xorrigo, doblegàvem l'Hostal des Pla, la Punta de Son Gual i de sobte trobàvem un paisatge nou.

Doncs, aquell dia, el padrí em va explicar que les terres que veia, tan ben cultivades, en altre temps havien estat un fangar horrible en el qual habitava un drac espantós.

El drac dominava les terres que voltaven el prat i exigia, cada any, que li entregassin la jove més bella de la comarca. Invariablement, tots els anys, aquells pobles pagaven el tribut vergonyós. Un dia, li tocà per sorteig a la filla del rei: la princesa partí a la captivitat, presonera del drac, en un indret incert, enmig del fangar.

El rei son pare envià els seus soldats perquè la rescatassin; però sempre, si tornaven, retornaven vençuts.

Un dia hi acudí Sant Jordi, un jove cavaller disposat a combatre contra el drac — vaig veure aleshores, es diu al llibre de l'Apocalipsi, pujar del mar una bèstia que tenia deu banyes i set caps—, el qual li afitorà la llança i el va matar.

Al punt on el drac va morir, hi va néixer un roser del qual brostaren les roses vermelles de Sant Jordi. El cavaller en va collir una i la posà a les mans de la princesa.

Però Sant Jordi —contràriament a allò que fan els herois dels contes antics que alliberen una jove de les urpes d'un drac— no es casà amb la princesa. Partí a córrer món i cercà altres joves, igualment sotmeses. Potser va pensar que encara quedaven molts de dracs per combatre.

No us diré avui on habiten els dracs. Podria anunciar-vos, però ja les sabeu, algunes esclavituds que ens atordeixen: l'agonia progressiva del camp, la degradació incessant del paisatge, les urbanitzacions pirates, la contaminació sonora... Ens trobam per ventura al llindar del caos.

En la societat del caos, la festa: un instant, gairebé un parèntesi, durant el qual hem d'esser capaços de mantenir neutralitzat el caos.

(Aquest text fou llegit a l'església parroquial de Sant Jordi,
durant un acte de presentació del programa
de les festes d'estiu de 1992.)

ENCARA AVUI, LLEGIR ÉS UN PRIVILEGI. ELOGI I DEFENSA D'UN PLAER AMENAÇAT

És creença antiga que en una terra incerta existeix un llibre màgic que posseeix la fórmula de capgirar la vida. Les velles històries diuen que mai no l'ha trobat ningú, aquest llibre, tot i que han partit a cercar-lo cavallers ardits i aventurers indòmits. Potser han travessat el mar i les ones s'han enduit aigües endins la seva nau, o s'han perdut en la fosca dels boscos misteriosos. A vegades el llibre era guardat en una casa que hi sortia por, en una casa on una veu cercava amb insistència cada mitjanit la llum de la terra perquè volia llegir afanyadament en aquells fulls.

La imaginació ha fantasiejat a través del temps amb els poders quasi quimèrics del llibre; avui, quan som a punt de tancar les portes del segle, redescobrim de bell nou el poder de llegir. Cap llibre no oculta la fórmula secreta que capgira la vida, un misteri obscur que només poden desxifrar els escollits. La lectura, emperò, posseeix una insòlita capacitat de transformació. Un poder, llegir, que encara constitueix un privilegi.

La realitat és —bé que ho sabeu— la nostra primera lectura. Començam a llegir en les fulles del arbres, en la correntia d'un torrent, en la forma dels núvols, en el vol d'un ocell, en els gestos humans, en tot allò que succeeix al nostre entorn. Els antics varen creure cegament que l'univers és un llibre escrit en un llenguatge que podem desxifrar. Els sants anacoretes llegien els pensaments de Déu a les pàgines obertes del llibre de la creació. I Ramon Llull reclama per a Blanquerna, en la solitud dels boscatges, la sola companyia dels arbres i les herbes, dels ocells i les bèsties, de les aigües i els prats. Galileu afirmà que el llenguatge en què està escrit aquest llibre és un llenguatge matemàtic i geomètric. Rousseau no voldrà que intervengui cap altre llibre que el món en l'educació d'Emili, cap altra instrucció que la realitat. «No hi ha llibre més instructiu —va escriure l'arxiduc Lluís Salvador d'Àustria al seu *Somni d'estiu ran de mar*—, ni d'estampes tan belles com la senzilla observació de la Natura». També el poeta Llorenç Riber, en explicar-nos quines foren les lectures d'aquell infant orat, la minyonia del qual va recrear amb fascinació, comenta que «... és millor que els minyons aprenguin de llegir en les fulles dels arbres que no en les fulles dels llibres». I un pedagog del nostre temps —V. Sujomlinski—, que ha utilitzat amb insistència aquella metàfora, escriu: «He volgut que abans d'obrir un llibre i llegir per síl·labes la primera paraula, el nin llegís les pàgines del llibre més prodigiós del món: el llibre de la Naturalesa».

Però tenim per cert, bé que ho sabeu, que la lectura d'altres llibres ens facilitarà la lectura del llibre del món, que mitjançant la lectura obrirem espais nous a la intel·ligència. Espais de llibertat, tanmateix. Llavors, un tremolor de curiositat, de provocació i d'incertesa ens embriaga. La lectura de l'univers ha de precedir la lectura de la paraula escrita; però la lectura d'aquesta paraula implica la continuïtat de la lectura de l'univers. Llegim, tanmateix, per relacionar-nos amb nosaltres mateixos, per accedir a aquelles realitats —uns altres mons— que són en el nostre. Un plaer amenaçat. Un acte eròtic que és necessari defensar contra les coaccions que el paralitzen. Encara avui llegir és un privilegi.

La paraula s'erotitza en la ment del lector i pren formes diverses. Tornam a poblar els somnis de bell nou i descobrim que la literatura podria esser una proposta de diàleg. O —qui sap?— una proposta d'amor a la vida, a la vida que tremola en les paraules, al plaer del text que t'esperona, que et commou, que t'encisa, que et torba o et fa somriure; el text que t'inquieta, que t'emociona, que et captiva, que et sorprèn i t'encanta només amb el poder fascinant dels mots. Aquest poder de la paraula ben dita és, segurament, una de les descobertes més inquietants dels homes i dels pobles que han viscut vorejant la ribera mediterrània. En el vell món que descriu l'Odissea, el de poeta és considerat un dels oficis més útils al poble. Alguns són comparats als déus per la seva habilitat en el cant i, gràcies a aquesta habilitat, en alguna ocasió salven la vida. També Shéhérazade, la narradora de *Les mil i una nits*, viu en la mesura que és capaç de continuar la narració dels seus relats. Si els contes li fallaven, li vendria la mort. Seguirà, emperò, el relat de les històries, una rere l'altra, perquè vol viure, mentre el rei aprèn, entretant l'escolta, d'estimar i transforma el seu ressentiment i el seu odi en amor a la vida. Però Shéhérazade hi ha posat tot el seu enginy, en el relat, tota la seva capacitat lúdica, el misteri que plana sobre les paraules.

Però, quin és l'efecte que exerceix una obra literària sobre el lector? Sabem que neix en relació amb el seu públic i allò que la sustenta és l'experiència que en tenen els lectors. Vull dir amb això que un llibre no existeix sense la recepció que en fa el lector que el llegeix i, llegint-lo, el recrea novament. Allò que la sustenta, l'obra literària, és, doncs, l'experiència que en tenen els lectors. Potser, aquesta contínua capacitat de generar noves lectures que posseeix un text literari, sense que mai no arribi a esgotar-se, constitueix el seu efecte poètic. L'obra literària sorgeix en el moment en què entra en contacte amb el lector i el seu significat només es genera durant l'acte de llegir. Però, què n'espera, el lector? A quines preguntes tracta de respondre, aquell text? És evident que aquest diàleg entre el text literari i el lector varia a través del temps i l'espai, perquè l'obra literària és, sobretot, una estructura dinàmica capaç de respondre als interrogants que diversos lectors, allunyats en el temps i l'espai, hauran estat capaços de plantejar. Tractar d'explicar què n'espera un lector del segle XVI, de la lectura de *Tirant lo Blanc,* o quin horitzó d'expectatives desencadenarà aquesta mateixa obra d'aquí a cinquanta anys, correspon als estudiosos de la literatura, que hauran de comprendre el fenomen literari en el marc de la recepció que n'han fet els homes, en la perspectiva de la seva funció social i de la seva eficàcia històrica. Determinar, doncs, de quina forma es fa explícit en un temps i un espai definits el potencial de significat virtualment contingut en una obra.

Allò que importa és, sobretot, determinar la contribució de la literatura al procés de formació de l'experiència humana. La lectura —un plaer restringit i amenaçat— és capaç d'alliberar l'home d'algunes servituds i d'algunes dependències; perquè l'obliga a una nova percepció de la vida, alhora que li obri el camí de l'experiència futura. Un acte eròtic, tanmateix, capaç de transformar els qui participen en el joc. I un joc compartit, mitjançant el qual l'obra literària neix cada vegada que s'hi acosta un lector amb la intenció d'interrogar-la. No existeix el llibre sense que vengui a caure sobre les seves pàgines l'àvida mirada de l'home que el llegeix. No existirà, per tant, ni un sol llibre dels que avui s'exposen col·locats en els prestatges d'aquesta fira —no n'existirà cap, dic— fins que un lector, sigui qui sigui, cerqui delectar-se amb la seva lectura. Què vendran a cercar-hi, quines preguntes tractaran de plantejar-los els mallorquins d'avui, i quins interrogants? La literatura, en obligar-nos a exercitar la imaginació, anticipa el futur de l'home. No hem d'oblidar que la imaginació és una porta que s'obri cap a l'alternativa, mentre ens assegura que són possibles les respostes diverses. D'aquesta manera, la literatura participa en la construcció de la societat humana. I aquesta és la seva contribució a la vida i el seu repte.

La Lledània.

La Nit de Sant Joan a s'Hort des Correu de Manacor: el ritual del vimer.

Foc i dimonis, la nit de Sant Joan al Parc de la Mar de Ciutat.

Sant Joan Pelós va vestit de seda... el Sant balla pels carrers de Felanitx.

Sant Pere Pescador cavalca les ones al port d'Alcúdia.

Amollada d'ànneres a la Colònia de Sant Pere d'Artà.

Setanta hortènsies guarneixen la imatge de Sant Marçal de sa Cabaneta.

Damunt el portal del santuari, la Marededéu de la Victòria d'Alcúdia amb les seves joies.

Per Sant Cristòfol, els carrers guarnits de sa Calatrava.

A sa Calatrava el cercavila anuncia la festa.

Festa de la Marededéu del Carme a Cala Ratjada: passejada en barca.

Processó de barques per la festa del Carme a Portocristo

La processó de la Marededéu del Carme a Cala Figuera de Santanyí.

Per Santa Margalida, a l'espera de la representació de teatre a la plaça de l'església de Felanitx.

Per Sant Jaume, ballen a Algaida els cossiers a la plaça de l'església.

El ball de l'Oferta dels cossiers d'Algaida.

LA CREU

La Creu,
dia tres de maig la trobareu.

Quan florien els camps —roselles, estepes, sordonaies, cama-roges, cards, espadelles, albons, argelagues... el poble de l'illa celebraven la festa del descobriment de la Santa Creu. La Creu florida de maig.

Hi havia processons que presidia la relíquia de la Vera-Creu. Acudien a les creus que marcaven el terme guarnides d'esparreguera i flors de colors, vora les quals s'havia bastit un altar. Es llegia el començament de cada un dels quatre Evangelis i es beneïen els quatre vents del món.

Al santuari de Cura, a la muntanya de Randa, s'acudia en processó fins al Cocó des Corb i, des d'aquell punt, es beneïen els fruits de tota l'illa, les collites i els camps.

A sa Pobla, la processó es dirigia, entre càntics i flors, a l'alzinar de Vernissa, una alqueria que el *Llibre del Repartiment* concedí als cavallers del Temple, dins el terme d'Alcúdia.

A Selva, la festa d'ençà del segle XV. L'organitza la barriada de Camarata. Hi ha un ofici solemne, durant el qual es beneeixen els fruits nous. També hi ha balls antics i, algun any, revetlla al pla de la font de Camarata.

Primer diumenge de maig

BÚGER: LA FESTA DES JAI

L'origen de la Festa des Jai es perd en el riu de la memòria. Diuen que es mantingué viva fins als anys quaranta del segle XX i fou recuperada el 1977 a instàncies de l'Obra Cultural Balear.

Antany, la gent acudia «a esperar es Jai» la tarda del primer diumenge de maig, al bosc de Can Pobil, dins el terme municipal d'Inca, vora el torrent de Can Damianet. Esperaven que arribassin els pagesos —pastors i mercaders— de Sineu. Arribaven en carro i portaven el bestiar i la mercaderia que no havien pogut vendre a la fira. Hi acudien, sobretot, els al·lots. Esperaven els padrins, que portarien alguna cosa de la fira: un siurell, una joguina, una bossa d'avellanes...

La festa «commemora —segons la crònica de la festa de 1990 que publicava la revista *El Mirall*— l'arribada dels padrins, els jais, que tornaven de la fira de Sineu on havien anat a vendre tot allò que els bujarrons havien fet durant les llargues vetlades d'hivern: vencisos, picarols, tot el culleram de fusta...». Mentre esperaven «es Jai» hi havia jocs, balls, aiguardent... Les parelles es passejaven amunt i avall... Un venia cacauets. Un taverner estenia una taula... Les al·lotes llogades a les possessions de més a prop enfilaven ramells de cireres a un branquilló i les venien... També menjaven carxofes negres, que creixen ran de la síquia del molí.

Actualment, recuperada la festa, representa el Jai l'home més vell del poble, que arriba en un carro, vestit a l'antiga... Els al·lots fan una gran festa, quan arriba el Jai, perquè els llança caramels a grapades.

Abril-maig

LES FIRES D'ABRIL I LES FIRES DE MAIG

El primer diumenge d'abril la fira d'Andratx i la de Santa Eugènia enceten la temporada de fires de primavera. El segon diumenge d'abril a Santa Margalida, i el darrer a Santa Maria del Camí, «sa fira de sa cabra»; i a Muro, l'antiga fira de Sant Francesc.

També, durant tots els diumenges de maig hi ha fires. El primer diumenge és fira a Sineu: la més antiga de l'illa, la festa de la pagesia de Mallorca. A Sineu, com a les altres fires de primavera, hi ha mostres d'animals de tota casta, però sobretot coloms d'escampadissa i de casta grossa, el ca me mallorquí, les ovelles de panxa negre, els cans de bestiar, i ases, i someres, poltres, eugues i bestiar cabrum. D'un any a l'altre les parades ocupen el mateix espai, segons la mercaderia que duen a vendre: a la plaça de l'església: fruites, verdura, formatge, ramells i sabates; a l'escalonada de Sant Marc: aviram; escalonada avall: escales de peu i cadires; al carreró de baix de la rectoria: els trinxeters i els selleters; damunt el fossar:

els ollers de Pòrtol i de sa Cabaneta; davant el Triquet: els picarolers de Búger...

El segon diumenge de maig fan fira a Felanitx, a Campos, a Llorito i a Sóller. El tercer, a Sencelles, i el quart, a Binissalem i a Manacor. Són fires dirigides als treballs del camp, amb mostres de bestiar, i de maquinària agrícola, fires antigues que perduren...

MOROS I CRISTIANS A LA FIRA DE SÓLLER

En la memòria col·lectiva dels mallorquins han quedat, com una dura, dramàtica queixa, vinculada a la vella tragèdia de la gent pagesa, aquestes expressions: «moros vénen!», «moros a la costa!». I resten, encara, adossades a les antigues possessions, les torres de defensa a les quals es refugiaven els pagesos en cas de perill. Torres que parlen de la inseguretat de les marines i fan pensar en les talaies de defensa, en el drama de la caça de l'home, en les històries d'esclavitud i captiveri. «Any per any —escriu Josep M. Llompart—, a les marines de Campos, de Santanyí, de Llucmajor, a tots els indrets moratius, descompareixien homes fets, joves abrinats, donzelles a la for del món, incorporats de sobte al martirologi anònim».

Dragut i Barbarroja infectaven les aigües del nostre mar. Els seus homes, com llops rapissers, desembarcaven a la marina de Sant Elm, a les platges de Formentor, als roquissars de s'Allapassa..., protegits per les ombres, àvids d'un botí copiós. Arribaven a les terres pobres de la costa de Santanyí... L'any 1531 s'emportaren de Santanyí trenta-sis captius de divuit famílies, i l'any 1571 vint-i-sis, cap als mercats d'esclaus d'Alger, on eren subhastats individualment o en lots.

També la gent ha servat memòria de les petites victòries dels pobles de la costa sobre els exèrcits de pirates: Pollença, el 1550; Valldemossa, el 1552; Andratx, el 1553; Sóller, la diada de Sant Ponç de 1561... Foren desesperades, rústegues epopeies. Baltasar Porcel ha escrit, tot memorant la victòria del andritxols:

«A calderades d'oli calent, pedrades i llançades, els andritxols els plantaren cara i els venceren. Perdura el nom de l'honorable Rafel Joan de Son Corso, que tallà el coll al capità dels africans, i a la possessió de Son Mas hi ha en pedra una carota monumental i barbuda, a la qual diuen en Barba-rossa, que recorda la gesta. Abans se celebrava una processó animada i acalorida, amb els infants xiulant amb siurells (...) I perviu encara el record dels moros, com el d'aquella núvia de la possessió del Joncar, que s'endugueren el dia del casament:

Sa nuvia des Joncar
balla i toca sa guitarra;
avui ballava per terra,
i anit ballarà per mar».

Sóller, onze de maig de 1561: Diada de Sant Ponç. Euldj Alí, el poderós corsari cap tinyós, desembarcà amb les seves forces sobre la vall. «Diumenge, a 11 de maig de 1561, en l'alba clara —escriu Àlvar Santamaria—, desembarcaren 1700 o 1800 moros i turcs, amb 23 fustes eixides d'Alger». Arribaren a les sordes, perquè volien atacar per sorpresa. Venien d'Eivissa, el crepuscle dificultava la visibilitat, car navegaven en direcció nord-est, i cap talaia no pogué adonar-se de la seva presència. Quan arribaren a l'altura de cap Gros, desembarcaren sigilosament a ses Puntes, entre els rocams, que devien estremir-se amb el trespoleig d'aquella faramalla salvatge que es disposava a estanallar la vila per dos camins, un que va cap al pont de Binibassí, i un altre a la vila per la banda del carrer de sa Lluna. Per aquest camí partiren set-cents moros, la major part dels quals eren turcs. Els altres, a les ordres de Ysuf, prengueren el camí de sa Figuera, i per son Llampaies arribaren al coll d'en Borrassà, i per Son Avinyona anaren a parar a l'Horta de Baix i, tot d'una, al Pont de la Mar.

El capità Joan Angelats, que havia partit de Ciutat molt promptament i havia fet el camí en menys de dues hores, ordenà un reforç dels llocs d'alerta del litoral i l'evaquació de la vila de dones, vells i infants, lluny de l'amenaça. Devers les sis i mitja de la matinada, al camp de s'Oca. Els sollerics no arriben a set-cents, comptant els reforços arribats d'Alaró i de Bunyola. Arriben notícies que la vila és plena de corsaris que la devasten. Joan Angelats consulta el parer dels homes més pràctics en els treballs de la guerra, homes, alguns d'ells, que havien servit de soldats durant molts anys a l'exèrcit de l'emperador Carles V, a les guerres d'Alemanya i contra el Gran Turc.

Els sollerics envestiren aquell esquadró sobre el Pont de la Mar, i els donaren un encalç, matant-los i nafrant-los. Els corsaris fugiren a la desbandada, com una tropa derrotada que s'escapa. Tan aviat volien fugir, que cada un partia per allà on podia, i es trepitjaven l'un a l'altre, i n'hi havia que queien al torrent... Ysuf, el capità, home corpulent i brau, que havia intentat detenir els seus homes perquè tornassin a la lluita, morí travessat per en Pere Bisbal, àlies Garrofa, d'una llançada. Llorenç Castanyer tirà una alabarda a un baxí, i el ferí mortalment, i li prengué la bandera.

I continuaren la persecució fins a la vorera del mar, i tiraven pedres als que no podien agafar, als que queien a l'aigua, sobre les galeres, fins a l'extrem que els esclaus cristians que estaven als rems cridaven que no en tirassin més, perquè ells també rebien les pedrades. Pedra hi va haver que s'endugué tres turcs fins a la mar...

Mentre, l'altre esquadró entrà a la vila i la trobà desprevinguda, sense resistència: entraren a l'església i robaren la custòdia, la relíquia, les creus de plata, els calzes... Llavors desmantellaren les cases i encalçaren les dones, i els infants, i els vells, fins a sa Coma. Quan partien, amb les mans plenes de botí i de catius, es toparen amb els vencedors que tornaven de la lluita. Novament s'entaulà la batalla i, paralitzats per la sorpresa, ho abandonaren tot, disposats a escapar-se per costers i valls. Encara, un esquadró de bandolers, malfactors que pul·lulaven per la muntanya, s'afegí a la causa del poble i a la persecució. Varen veure passar aquells turcs quan se'n tornaven a les galeres i lluitaren amb ells, i els amollaren els cans, els quals envestien com lleons.

La jornada fou plena de gestes glorioses que demostren la reacció d'un poble davant el perill de perdre la vida. Fets que parlen de coratge i de risc. Com és el pas memorable de les Valentes Dones de Can Tamany, de na Margalida Custurer i de tants homes i dones que no es resignaren a perdre per sempre la seva terra i la seva casa.

SANTA RITA, ADVOCADA D'IMPOSSIBLES

Santa Rita anava a missa
an el convent del Socors...

La cançó diu —era una vella oració que hom ensenyava a resar als infants— que l'acompanyaven els àngels amb vestits esplendents, que una espina —portava les roses obertes de la vida— va penetrar la seva carn i el cel va davallar per veure-la, perquè era la dona més virtuosa i bella que mai s'hagi vist.

La festivitat de Santa Rita de Càssia ha estat durant segles una festa dirigida a celebrar l'esplendor acolorida de la primavera: les roses blanques, vermelles, grogues, les roses de color de rosa amb què es guarnia l'altar de la santa als pobles i a l'església del convent del Socors de Ciutat, eren la manifestació de la primavera generosa i amatent, com el perfum que les roses exhalen. Les roses que Santa Rita va fer florir a l'hora de la mort, quan la fredor de l'hivern —era el mes de gener— no permet que esclatin les poncelles. Només la primavera, venturosament guiada per Santa Rita, farà florir les roses impossibles.

LA FESTA DEL CORPUS

Temps de plenitud, els sementers rossegen, el blat madura, i la xeixa... Les espigues. El dia del Corpus, ni els ocells duien busques als nierons. Establerta l'any 1316, la festa, en honor del Sagrament de l'Eucaristia, era plena de manifestacions populars, la més important de les quals era la processó: la processó de les espigues granades.

Les campanes repiquen. A la Ciutat, n'Eloi, la campana grossa de la Seu. Passa lenta, suau i rítmica, la processó a mitja tarda. La custòdia —les bellíssimes custòdies sorgides de les mans dels orfebres són portades sobre l'espatlla, sota pal·li—. Reprèn el cant sagrat i s'alça l'encens com una boira blanca. Pel trespol, escampats, brots de murtra. En passar el Santíssim, dels balcons i les finestres endomassats, les joves llançaven —ho fan encara avui a alguns pobles— flors esfullades, mentre la gent resava:

Un parenostre al Santíssim Sagrament,
que ens conservi la llum de l'enteniment, tant com la vida.

I la música. I els carrers ornats de cossiols de fulles, de brillants i hortènsies. La processó esdevenia una pràctica simbòlica, un ritual jeràrquic, una al·legoria. Desfilaven amb els seus símbols i les banderes pròpies els representants de tots els estaments: la noblesa, el clergat, els gremis —els teixidors, els argenters, els fusters, els pescadors, els mercaders...—, els frares dels convents, les forces militars, les autoritats, l'abat de la Real, el bisbe... Portaven els sants patrons. I hi eren representats els apòstols, els profetes i molts d'altres personatges de la cort celestial: sants i santes, els innocents, els patriarques —Noè i Moisès—, Adam i Eva, i els àngels... S'hi representaven entremesos sobre cadafals. I sortien animals mitològics i bíblics: àguiles, i dracs que tiraven foc pels ulls. També hi acudien els gegants, que a Ciutat compareixien de l'església del Socors. La presència de tots aquests elements tenia, principalment, una funció catequètica. A Artà sortia un estol de nins vestits de sants: Sant Francesc, Sant Lluís rei de França, Sant Pere i molts d'àngels... A Manacor sortien els «santets». A Santanyí, l'Arca de l'Aliança i el rei David. A s'Alqueria Blanca, les reines, plenes de joies: nines vestides de santes. De Can Barres sortia Santa Clara; d'es Forn, Santa Catalina; de Can Beato, la Mareded éu de la Neu; de Can Rigo, Santa Rita; de Can Bonjesús, Santa Elisabet, filla del rei en Pere el Gran d'Aragó i reina de Portugal: llarga capa i canastra de roses; de ca s'Escolà, la Reina dels Esclaus: la Mare dedéu de la Mercè amb una cadena cada mà; del convent, els àngels i els sants franciscans. També hi ballaven els cossiers, els cavallets i els moratons.

A Ciutat hi surt la lledània, un rosetó de flors en forma de creu que apareix davant el clergat de la Seu, acompanyada d'una campaneta. Als escolans que la duen se'ls diu els «lledaniers». La lledània era una creu florida —la creu viva de primavera—. En un altre temps, totes les parròquies de Ciutat portaven les seves lledànies, el nom de les quals deriva de lletanies: la processó de les lletanies. Després les flors varen esser substituïdes per flors de cera de colors.

La processó del Corpus de Pollença manté, actualment, algunes antiquíssimes tradicions: el ball de les Àguiles i la dansa ritual de Sant Joan Pelós. Salta, Sant Joan, rere el penó. Porta una màscara, els cabells llargs, la falda verda, la capa roja. Amb la mà esquerra, un me, que diuen que és la paga que tindrà el jove que fa de Sant Joan. Va descalç. La seva dansa és simple: creua les cames, gira sobre si mateix i alça la creu. Ho va esser, durant anys, l'amo en Llorenç Jordà de Can Poderós. I, també, en Monoiet, que fou el seu mestre.

Les Àguiles —documentades per primera vegada a Mallorca al segle XVII— són dues joves vestides amb una túnica blanca, les sabates blanques, i una capeta —la gent en diu la «Maria Antonieta»— decorada amb joies cosides: creus, cordons, cadenes, camafeus i relíquies. Duen enfundada una carcassa de cartró pintat que representa una àguila argentada amb decoració a base de vermells, corona enjoiada i cintes de colors a la cua. Cada àguila duu dues acompanyants: una de fadrina i una de casada. Esser àguila és una distinció per a les joves i, abans, es preparen amb la «mestra d'àguiles». Ballen amb la melodia amb què també balla Sant Joan Pelós, amb música de guitarres, guitarrons i violins.

A Biniaraix, del terme de Sóller, la processó fa les cinc visites: la primera i l'última a l'interior de l'església; les altres tres, vora els altars guarnits amb flors.

El Corpus és l'última festa de primavera, poc temps després de Pasqua Granada i l'Ascensió. L'última festa, abans de l'estiu: els carrers enramellats, flors esfullades i murtra...

Vuit dies després —per l'octava del Corpus— se celebrava a Ciutat una altra processó, coneguda popularment amb el nom de «sa processó de sa Moixeta». Ningú no sap si l'havia fundada una tal senyora Moix o si era que, en alguna ocasió, algú hi assistí, darrere darrere, amb un moix amagat en una canastra. Deixà de celebrar-se perquè els qui hi assistien, tan poc devots, discutien sovint i arribaren a pegar-se amb els ciris. D'aquest fet, n'ha servat la memòria popular la següent dita: «això acabarà com sa processó de sa Moixeta», quan es vol manifestar que alguna cosa acabarà malament.

LES FESTES D'ESTIU

Tothom alça el cap i mira,
tothom la mira i somriu,
que ella és la primera espira
de les festes de l'estiu.

Maria Antònia Salvà
La bandera de la festa

Vuit dies abans, la bandera floreja al capcimal del campanar per fer saber a la gent del terme que s'acosta la festa, esponerosa i alegre de l'estiu. Enramades de pi, joies tendres de canya, el vestit nou, el dinar, els colors lluents i vius de les festes d'estiu: paperí, llanternes i garlandes... I el foc. Els desmais, les rodelles, els coets, les palmeres, les bombes... Un cartutx de pólvora subjectat a l'extrem d'un jonc és capaç d'enfilar-se fins a les estrelles. La cal·ligrafia momentània del foc, els castells efímers del foc. I la plaça plena de gent. I la música. Les avellanes. La fascinació fulgurant de l'estiu.

SANT JOAN,
LA FESTA DE L'AMOR QUE CREMA

Diuen que Sant Joan i la seva festa ocuparen el lloc d'un déu remot vinculat al solstici d'estiu, a les festes solemnes de l'aigua i el sol, a l'embruixament màgic de l'amor que vetlla, la nit de Sant Joan, i encén d'enamorança l'esguard dels fadrins.

Sant Joan de juny, la primera de les festes d'estiu, fou en temps passat la gran festa ritual de l'aigua i del sol, la festa venturosa de l'a-mor que crema.

Diuen les cançons antigues del poble:

Dins un foc abrasador
està es cosset d'en Guiem;
si se crema, que se crem,
que se crema per amor.

Estava que m'abrasava
de l'amor d'un jovenet;
com més bevia, més set;
s'aigo no m'assaciava.

Dins un foc abrasador
hi tenc lo meu cor que crema,
i tu encara hi poses llenya,
branques i qualque tió.

Sant Joan és la festa de l'amor que crema. El sol balla, de matinada, i la gent corre a veure'l sortir; pugen a la muntanya, parteixen a la platja... (A Sant Joan, la vila del Pla que aquest dia celebra la festa del patró, acudien al molí d'en Xisquet, al Revellar, al molí d'en Prudenci, a ses Roques...). L'horitzó retalla els confins de la terra, mentre la bolla del sol —com una magrana— dansa, quan surt. Diuen que, si vols veure'l ballar, has de mirar com es projecta en un ribell d'aigua o l'has d'observar a través d'un sedàs.

En altre temps i a moltes esglésies de l'illa es cantava ofici solemne, just quan sortia el sol. Sant Joan hi ballava, durant l'Oferta. Havia d'esser jove, l'home que feia de Sant Joan, i havia de tenir les cames falagueres. Portava els calçons grisos, fins als genolls, les calces, color de rosa, les espardenyes, blanques... Anava en cos de camisa, abrigat amb una capa llarga, que subjectava al coll amb cintes de colors. Pel cap, una gorra de plat del color de la capa que representava l'aurèola del sant. Una creu llarga en la mà dreta amb una banderola... La mà esquerra subjecta a un costat.

Ballava Sant Joan tant com el sol, als compassos dels violins, els flabiols i les guitarres. Repartia ramells de flors i saltava sobre el trespol de l'església emmurtada. En acabar l'ofici, voltava el poble i captava amb els obrers per a mantenir la festa. En alguns pobles duia una pell d'ovella en lloc de la capa i, a vegades, unes castanyetes en les mans amb què acompanyava el ball i els saltirons. Sabem que ballava a Son Carrió, a Son Servera, a Sant Llorenç des Cardassar, a Artà, a Felanitx... A Pollença balla encara ara i assisteix a la processó del dia del Corpus, vora les àguiles. Salvador Galmés ens descriu el ball de Sant Joan a la vila de Sant Llorenç des Cardassar a *Flor de Card*:

«Era un fadrí dels més falaguers de la vila vestit lleugerament amb sandàlies, calces blanques, baldragues verdes amb cascavells, camisa blanca, capa folgada i volandera de llustrina de color de carn, i barret en forma de capell invertit, la cofa cap avall i l'ala cap amunt com una gírgola plana. Portava un gallardet en la mà dreta, descansant l'esquerra en la cinta formant ansa amb el braç. Trescava tot el poble acompanyat de dos dimonis descalços, vestits de tela de sac en un sola peça amb pintures "infernals" d'ocre i almànguera davant i darrera, un picarol penjant al cul, un cap de figuera amb gran banyam de boc i una barra en la mà d'un tronc lleuger de valma-rosera».

També a Felanitx portava calces, camisa, falda blanca i capa vermella. Els cabells llargs, una creu de fusta i una corona. Jaume Oliver ens el descriu amb aquestes paraules, el Sant Joan felanitxer: «Duia calces, camia i falderets blancs, i damunt ses espatles una capa airosa de satí vermell. Careta de tela de sedàs, com si anàs a treure mel, i cabellera llarga tota escambuixada. Duia un braç com ansa de gerra agafat a un costat i amb s'altra mà brandava una creu lleugera amb una llegenda: "Vetací l'Anyell".

Sant Joan Pelós
va vestit de seda...

Su-vora un cantó un aplec d'al·lots criden, "ja ve!" I acompanyat per una petita orquesta composta d'un violí, un fabiol i un guitarró, el Sant balla com un llagost fora d'es rostoll. És un ball exultant com es versets d'un *Magnificat,* un cop aspre i ardent com es vent del desert, i altre cop fresc i afalagador com ses aigües baptismals del riu Jordà».

Ballava Sant Joan tant com el sol, quan trenca el dia. En aquella hora, els pagesos feien una creu en l'era sobre la qual havien de batre el gra, perquè espantava les formigues, aquella creu; hi havia qui sembrava clavellers i els regava amb aigua de set pous de vena, convinçut que rebentarien, llavors, i farien clavells de set colors. També, si espolsaven els arbres que tenien poll, en sortir el sol, no tornaven a tenirne mai més. I qui es llançava a la mar, no estava malalt en tot aquell any.

La màgia de l'instant en què neixia el sol es projectava en les pràctiques de la vida quotidiana (sembrar llavors, cercar aigua subterrània, rentar-se les taques de la pell...) i en l'afany amorós —l'amor que crema—, amb la il·lusió de veure quelcom que representa l'enamorat, el seu fantasma o el seu signe.

Les fantasies amoroses de Sant Joan. El dissabte, les fadrines sembraven tres ciurons i els regaven. L'endemà comprovaven quants n'hi havia que començaven a treure. Així, podien saber els anys que tardarien a casar-se... El nom del primer home que saludava una fadrina el dia de Sant Joan seria el mateix que tendria l'enamorat... L'aigua de set pous també servia per a fer créixer la cua de les joves... Després de rentar-se, la matinada de Sant Joan, les joves llançaven l'aigua al carrer: el nom del primer home que trepitgi aquella aigua també serà el nom de l'enamorat... Llançaven les fadrines, just quan el sol sortia, tres faves sota el llit: una de sencera, una altra de cellada, i una altra de pelada. Tractaven, després, d'agafar-ne una, ulls clucs, amb la mà: si agafaven la fava sencera, l'enamorat havia d'esser ric; si agafaven la fava cellada, l'enamorat no seria ric, però tampoc no seria pobre; si agafaven la fava pelada, l'enamorat seria desventurat i pobre... Si a mitjanit encenien dos ciris davant un mirall, veien passar-hi la figura de l'enamorat... Posaven un sedàs sobre le respatller de tres cadires. Deien: «En Miquel, o en Bernat, o en Ferran, o en Pere... m'estima?» Si el sedàs feia moviment, era que sí; si no en feia, era que no... També llançaven gotes de plom fus —a vegades de cera— en un ribell d'aigua clara. En solidificar-se, aquelles gotes prenien la forma d'una eina coneguda, que indicava quin seria l'ofici del futur pretendent. Les joves invocaven el sant i deien:

Sant Joan florit, Sant Joan granat,
mostrau-nos l'estrella de l'enamorat.

Però si una fadrina tenia més d'un pretendent i volia saber quin era el que més es delia pel seu amor, agafava algunes flors de card, les posava a la finestra de la seva cambra i atribuïa a cada flor el nom d'aquells enamorats. L'endemà, la flor més oberta indicava aquell que més l'estimava. Maria Antònia Salvà ha recollit aquesta tradició en un poema d'*Espigues en flor*.

La flor de card fa que el somni perduri
d'unes amors que potser floriran,
i a les donzelles en conta l'auguri
meravellós en venir Sant Joan.

L'amor que crema, com el foc de Sant Joan. Les fogueres —en altre temps freqüents a molts de pobles— apartaven els maleficis i preservaven la gent de desgràcies. El foc era, juntament amb l'aigua, el gran protagonista de la festa. Aigua i foc, en la festa solar de Sant Joan. L'aigua benèfica del Jordà —no endebades és la festa de Sant Joan el Baptista—, l'aigua viva que neix a l'ull de les fonts, l'aigua misteriosa dels pous de vena, les virtuts de la rosada, que embelleix la pell, mentre el sol balla.

Potser Sant Joan substituí una antiga divinitat i donà nom a la font d'aigua termal de Sant Joan de la Font Santa, dins el terme de Campos, no gaire lluny d'es Salobrar. L'aigua sorgeix a una temperatura de trenta-vuit graus, i hom li reconeix propietats curatives contra el reuma, l'artrosi i algunes malalties de la pell.

També les «herbes de Sant Joan» tenen propietats contra les ferides i els talls. Són herbes remeieres —ruda, valeriana, alfabeguera...— recollides abans de sortir el sol, bones per necessari. Les posaven en una ampolla amb oli, «lligaven l'ampolla al cap d'un bastó —escriu el pare Rafel Ginard— i subjectaven el bastó a la branca d'un arbre. L'ampolla, amb les herbes abeurades d'oli, s'estava quaranta dies a sol i serena. Passats els quaranta dies, el suc ja era bo per talls i ferides. El temps necessari perquè l'oli adquirís virtut curativa era llarg —quaranta dies— i d'aquí arranca la frase: "haver de menester més que ses herbes de Sant Joan"».

Un altre ritual de la nit de Sant Joan és la curació dels infants que pateixen de trencadura. En les primeres hores de la nit, a l'Hort d'es Correu, prop de Manacor, s'escolleixen els tanys de vimer i s'obrin per la meitat amb esment que no s'esqueixin. Els nins han de passar a través de la tija oberta, primer el cap, després el cos, procurant que la saba que es desprèn de la planta toqui la pell de la part dolorida. Acabat el ritual, els tanys tornen a unir-se amb ràfia i fang. Cada tany correspon a un infant i se li posa un senyal, perquè pugui identificar-se fàcilment. Passat algun temps, si la branca encara viu, aquell infant s'haurà guarit, però si el tany s'ha assecat, haurà d'esperar un any i tornar a repetir la cerimònia.

Sant Joan Baptista és també el patró de la parròquia de Muro, instituïda pel papa Innocenci IV, l'any 1248, entre les primeres de l'illa. En un primitiu llibre de Consells de l'Arxiu Municipal trobam escrit que l'any 1383, reunits, els jurats determinaren que «siguin llogats uns joglars per a la festa de Mossèn Sant Joan, patró nostre». Però no sabem què cantaren els joglars, aquell dia, ni si prengué part en el ball la gent, tot seguint la dansa del precursor, a l'hora en què el sol balla i les oliveres giren les fulles a llevant.

29 de juny

SANT PERE APÒSTOL

Per Sant Pere apòstol, patró dels pescadors, pescador ell mateix d'ànimes i peixos, fan festa alguns pobles de la vorera del mar: ball pagès a Alcúdia, ran del port, mentre els pescadors torren sardines i conviden la gent a menjar-ne. Per Sant Pere, pa, peix i vi per a tothom. Cercavila. Processó: els pescadors desfilen descalços, porten xarxes i rems. Treuen la imatge del sant fins al moll vell, des d'on parteix la processó de les barques, guarnides amb paperí de colors i garlandes de flors. Enmig de la badia, les barques rodegen la que porta Sant Pere. Sonen les sirenes i toca la música. El sant cavalca sobre les ones.

També al port d'Andratx desfilen les barques dels pescadors en honor de Sant Pere. I a s'Estanyol de Migjorn, i al port de Sóller... Per Sant Pere també fan festa al port de Pollença, a la vila d'Esporles —la diada del sant, la banda La Lira d'Esporles toca vers les vuit del matí la «diana florejada» pels carrers i les places—, a la Colònia de Sant Pere d'Artà, a Alaró, a Escorca, a Búger..., que decoren la façana de l'església amb corda de murtra.

A Pollença, ballaven antigament els cossiers a l'ofici, llavors a la plaça Vella i davant les cases bones de la vila...

Una dita molt vella indica que, potser per Sant Pere, comença a haver-hi figues-flors madures:

Per Sant Pere
revolten sa figuera.
Per Sant Marçal,
es figueral.

Les figues-flors, per esser bones, explica la gent, han de tenir el «coll de beata», una mica tombat, la «llagrimeta a s'ull» i la «camia esqueixida». La cançó diu:

Sa figa, per esser bona,
ha de tenir tres senyals:
clivellada, secallona
i picada de pardals.

Per Sant Pere apòstol... la festa. Josep A. Grimalt ha escrit una biografia alegre, festiva, del sant, que comença dient: «Sant Pere va néixer a Betsaida, un poblet de mariners situat a sa vorera de la mar de Tiberíades. De ben petit, ja era de s'ui d'es vent, no n'hi havia d'altre amb més poca son. Tot d'una que va haver deixat s'escola, essent encara un al·lotell, acompanyava sa mare a vendre es peix que sa barca de son pare havia agafat. I ja l'hauríeu vist darrera es carretet, tocant es corn i cridant "ala dones, alatxeta que bota!", i bones cantades "Desde Jericó a Betsaida, vengo por toda la orilla..." I tenia més tranc que no sa mare per pesar es peix, taiar ses espines a ses escórpores i a ses aranyes, i escatar-lo i esmocar-lo a ses compradores més esquitarelles. Ben aviat volien tractar amb ell; per paga sa mare tenia un gènit de pesta i barretjava tothom. Acabada sa volta, per descansar, s'asseia a repassar xarxes i no li veien ses mans».

PREGÓ PER A LA FESTA DE SANT MARÇAL

La terra era pobra. Durant segles, la gent d'aquesta illa perduda en l'occident del mar llatí ha conegut els estralls de la pobresa més dramàtica. Sobre el poble menut han vingut a caure-hi amb persistència les cinglades de la guerra, de la fam i de la pesta. La història, la petita història del poble —al marge de la història que han escrit els estaments oficials—, és una llarga peripècia plena d'infortunis. La memòria col·lectiva n'és testimoni, de tantes sotregades: la fam de l'any dotze, les collites magres, les sequeres, la pesta groga, l'any del grip; han quedat per a sempre en el record del poble, i la literatura tradicional —cançons i rondalles— ens ho explica, a vegades dramàticament, d'altres rient-se'n, que res no hi ha millor per a espantar els patiments i les sofrences que befar-se de la desgràcia pròpia. Podeu comptar que riure és també, a vegades, una altra forma de plorar.

> Bon Jesús alçau la mà,
> veureu que hi ha de pobrets
> que tenen es budells secs,
> i això és de no menjar.[7]

---

[7] Rafael Ginard Bauçà: *Cançoner popular de Mallorca.* Edit. Moll. La ciutat de Mallorca, 1966-1975.

El desanament, la fam canina, els forçats dijunis:

Madona, jo dijun 'vui;
tenc sa talent que em rodetja.
¿No heu afinat sa corretja
que m'és passada per ui? [8]

La gent sabia que els treballs presos amb rialles passen més de pressa i els glosadors no s'estalviaren de burlar-se de les penes. Un poeta del segle XVIII, Miquel Socies de Tagamanent, escrivia en unes cançons dedicades a la fam:

Enguany tenim treballs dobles
que no sé com nos vivim.
eumanco ens e divertim
amb codolades i cobles,
emperò es ventre va prim.[9]

El ventre va prim i la fam persisteix com un vell flagell que és necessari entretenir amb codolades. També a les rondalles hi trobam múltiples referències. «*La fam petxuca fort*», escriu mossèn Alcover, i un personatge ens assabenta que vol omplir es gavatx, perquè «*tenc ànsia* —diu— *de dur-lo tan ruat, que ja no se vulga desruar*».[10]

També la guerra hi és present, al vell cançoner. Una antiga corranda comença amb aquestes doloroses, dramàtiques paraules:

Plorau mares, plorau mares;
raó teniu de plorar...

Els vents del dolor assolaren sovint el nostre recés. No és fàcil d'explicar el patiment i la misèria, ni comprendre la dramàtica virior del

---

[8] *Ibídem.*

[9] Josep M. Llompart i Joan Miralles: «Un poeta del segle XVIII: Miquel Socies de Tagamanent», *Lluc,* octubre 1970.

[10] Antoni M. Alcover: *Es fii del pescador. Rondaies mallorquines,* volum II. Edit. Moll. La ciutat de Mallorca, 1967.

plor. La gent acudia als sants familiars i pròxims recaptant auxili, tot reclamant el seu favor. Si ens aproximam a aquestes invocacions, no ens serà difícil de copsar-hi els afanys col·lectius, les petites esperances del poble. Una esperança espontània, sorgida del desig de l'home d'establir una relació amb el sant. Una relació simple, directa, rendible. L'home tracta que la seva relació amb el sant sigui rendible. Si intentam indagar en allò que la gent demana en la seva visita al santuari, potser tindrem la descripció de les necessitats que, durant segles, han commogut la nostra vida. Pel *Llibre de la invenció, y miracles de la prodigiosa figura de Nostre Señora de Lluch,* escrit a les darreries del segle XVII, tot servint-se d'un manuscrit que conté una relació de miracles i prodigis guardat en l'arxiu dels col·legials, pel doctor Rafael Busquets, prevere beneficiat de la seu de Mallorca, ens assabentam que els mals que atordien la gent d'aquell temps eren la fragilitat de la vida dels infants, les caigudes (d'un arbre, d'un terrat, en un safareig, en un pou), les febres, el mal de la pell, el foc de Sant Antoni... Si reparam els goigs —les modestes composicions religioses que el poble ha cantat al llarg dels anys— podrem completar fàcilment la llista d'invocacions i malalties. Per la lletra dels goigs sabem que la gent acudia a Sant Magí contra el mal de trencadura, a Sant Blai a demanar-li remei pel mal de canó, a Sant Bernat, contra el mal de cap, a Sant Francesc de Sales, contra la pigota, a la Venerable de Sencelles, contra les febres tercianes, a Santa Apol·lònia, contra el mal de barram, a Santa Bàrbara, la protecció contra la tempesta: llamps i trons que resplendeixen dins el cel i seguen la vida. Per mediació dels goigs al gloriós màrtir Sant Ponç —que es venera a Ciutat a l'església de Nostra Senyora de la Mercè—, que foren impresos a la impremta de Villalonga, ens assabentam que la devoció popular l'invocava perquè fes la necessària funció d'insecticida:

Oh Sant Ponç, qui les pregàries
oïu de los suplicants:
Matau xinxes, cuques feres
que devoren nostres carns.[11]

---

[11] *Goigs al gloriós màrtir Sant Ponç,* venerat a l'església de Nostra Senyora de la Mercè. Impremta de Villalonga. La ciutat de Mallorca, s/d.

També pels goigs sabem que Sant Marçal era advocat contra les epidèmies i les pestes, i en un document de 1348, any famós per la terrible pesta negra, trobam per primera vegada vinculat a l'església parroquial de Marratxí el nom de sant bisbe de Limoges [12]. I a través dels goigs coneixem que Sant Marçal ens pot alliberar, si li ho sabem demanar, de dolor i de tot mal. Permeteu-me que retregui ara la invocació:

Gloriós Sant Marçal,
'lliberau-nos de dolor i de tot mal.

A mi m'agraden especialment aquests precs una mica forçats per la rima. En la nostra tradició se'n troben d'altres, com si es tractàs d'un antic formulari màgic:

Gloriós Sant Bernat,
que no surti ni cruu ni cremat,

hom deia mentre enfornava el pa. I en anar a jeure:

Un parenostre a Sant Pascual Bailó,
que mos doni bon so i mos desperti millor.

Un parenostre a Sant Ignasi,
que mos guard de desgraci'.

Un parenostre pel Senyor de tot lo món,
que lo que mos manca mos ho don.

Qui podria explicar-me fins a quin punt la imprecació ve donada pel joc de les paraules que rimen i s'avenen? Des que el món és món els homes han cercat de dirigir-se als déus amb paraules rimades. És probable que la poesia religiosa sia la més antiga de les formes literàries de tots els pobles de la terra. Hom coneixia el poder màgic de la paraula, dels ri-

---

[12] Vid. Ramon Rosselló Vaquer: "Notes històriques de Marratxí", dins el *Programa de festes patronals.* Marratxí, 1984.

tuals verbals, la sacralitat dels mots, la poderosa eficàcia de les fórmules, perquè res no es pot fer sense paraules. Imprecacions als sants, entre l'oració i el conjur. Entre la súplica fervorosa i la fórmula màgica a la qual hom conferia il·limitat poder:

> Pel fat i fat,
> que la mia mare m'ha comanat
> i un punt més, que lo que ara diré que sia ver i veritat.

N'hi havia per combatre les malalties de les persones tant com les dels animals, destinades a regular les condicions atmosfèriques, per encantar animals que podrien esser nocius, pregàries que ajuden a trobar un marit, encantaments amorosos que castiguen l'estimat que no correspon a l'amor. Hi ha en el vell cançoner de Mallorca una corranda que podem considerar fàcilment un conjur d'enamorat. Diu:

> A qui posarà travetes
> entre jo i vós, bona amor,
> Sant Marçal li das dolor
> a totes ses parts condretes.[13]

Cosa que em fa pensar que Sant Marçal no solament tenia fama d'advocat contra el dolor, sinó que també en podia enviar a «les parts condretes» dels qui ho mereixien. (En una ocasió el bon amic Llorenç M. Duran, enguany traspassat, a qui voldria retre des d'aquest lloc un petit homenatge d'admiració i afecte, tractà d'explicar-me un fet per al qual jo no podia trobar explicació raonable. Li havia contat que, certa vegada, un familiar meu havia vengut a aquest lloc a implorar que el sant l'alliberàs del reuma. No solament no li va fer cas, Sant Marçal, sinó que li multiplicà el dolor. Mai en la vida no n'havia tengut tant, com l'hivern que seguí la seva visita. Don Llorenç em va dir, una mica irònic: «Aquí tothom ve a deixar-hi el dolor que l'afligeix. A vegades ens l'hem de quedar els qui hi vivim tot l'any; d'altres, arriba qualcú, com és el cas del vostre parent, i l'arreplega tot»).

---

[13] Rafel Ginard Bauçà: *op. cit.*

La fama de sant miracler que té Sant Marçal s'associa als prodigis de l'aigua de la cisterna: al poder de l'aigua benèfica, saludable, que neteja de dolor i de tot mal, com l'aigua del Jordà netejava el cor dels qui s'acostaven al Baptista. No hem d'oblidar que Sant Joan obri al santoral un cicle de festes que vénen marcades pel simbolisme de l'aigua: Sant Joan és baptista, Sant Pere és pescador, Sant Cristòfor ajudava la gent a travessar el riu d'una banda a l'altra, per la Mareddedéu del Carme hi ha processons marineres... Els estudiosos de la religiositat popular, en tractar del poder sagrat de l'aigua, asseguren que en la tradició cristiana moltes cerimònies religioses integren sovint un element aquàtic, suport simbòlic que evoca la regeneració, el naixement nou de l'home. En els contes antics i en les rondalles meravelloses l'aigua posseeix el poder de retornar a la vida aquells que el conjur d'una mala bruixa havia fadat. A vegades, és l'aigua d'una font; d'altres, l'aigua de la pluja amiga que la teulada ha arreplegat durant l'hivern; pot esser l'aigua que la tradició ha fet brollar miraculosament en un lloc imprevist.

Però també la devoció a Sant Marçal va lligada a la festa. Sovint, la religió popular tracta d'aproximar els extrems, i Nadal n'és l'exemple més característic: la pobresa i la misèria de la cova s'aproximen a la grandesa del Paradís. També aquí, a Sant Marçal, en ajuntar-se el dolor i la festa, ens trobam en presència d'un procés semblant. La festa és comunicació, lloc de trobada i vida compartida: l'alegria, el dolor, la disbauxa. La festa és capaç encara avui d'encarar-se a la deshumanització i per això és subversiva, transgressora. Per això és, encara avui, un magnífic motor de dinamització dels pobles, una magnífica possibilitat d'interrelació entre veïns, de difusió horitzontal de la cultura. La festa és sempre una absoluta victòria de l'home sobre la soledat. Si tenim ganes de festa és perquè tenim ganes d'estar junts, de sentir que vivim en una col·lectivitat humana.

I aquest és el punt on volia arribar. Durant segles la festa de Sant Marçal ha arreplegat en aquest lloc la gent que arribava de totes les contrades de l'illa. (Les bísties descansaven davall els garrovers i la tradició explica que en tal dia no mosquegen). Aquí, el poble ha demanat al sant la salut, l'alliberació del dolor, que constitueix un patiment sovint feixuc i insuportable: les febres tercianes, el mal de canó, el mal de barram, el mal de trencadura, la pigota... Aquell dolor del qual parla mestre Ramon Llull en el *Llibre de Home*: «Hom... pot morir per febres, per posterma, per dissentiri e per dolor» i que fa patir el cos durament. Però Ramon Llull es refereix sovint en forma de metàfora a un altre dolor que avui m'atreviria a reclamar. Voldria reivindicar-lo, aquest dolor, germà de les tribulacions, de les quimeres, de les espines, del combat de viure. A vegades tenc la sensació que el nostre és un poble parit sense dolors. Per això cal que parlem de la necessitat del dolor, de la passió com a projecte, de la follia que commou l'esperit i compromet els homes en la tasca del recobrament, en l'experiència de l'amor al poble, a la vida... En definitiva, el dolor de viure enamorats de tot quant defineix la nostra lluita col·lectiva. Ben segur que no és fàcil aquest amor, tan ple de dificultats, de petits martiris, de contratemps... Són penes, emperò, que vénen d'amor i són, bé que ho sap Ramon Llull, «pus nobles que rubís, maracde, estopaci e çaphir», *Llibre de Home*.

Res més.

(Marratxí, estiu de 1986.)

2 de juliol

LA MARE DE DÉU DE LA VICTÒRIA

La festa és a Alcúdia, al santuari de la Victòria. Hi ha música i ball, la nit anterior, fins que el sol surt. N'hi ha que pugen a la Talaia o a la penya del Migdia per veure'l sortir. Beuen mistela i mengen bunyols. L'endemà, després de l'ofici, hi ha corregudes de joies. La gent dina pels voltants del santuari: al Pinaret, a les Tres Creus, al Mirador... Llavors, ball i gresca, mentre els obrers de La Victòria tiren avellanes enmig de la rotllana.

LA TROBADA

Això era un pastor que nomia Joan Boi. Guardava les ovelles per aquelles contrades: terres aspres, alzinars i garrigues... L'horabaixa d'un dissabte, havia tancat el ramat als sestadors, i a l'hora del crepuscle, al lloc on avui s'alça una creu, no gaire lluny del santuari, va sentir que cantaven. Dos joves repartien candeles enceses als cantadors; però va comprendre que el cridaven pel seu nom a fi de donar-li una candela. S'ajuntà a aquell cor que cantava la salve en presència d'una gran Senyora. Ho explicà al rector; però no el va creure. Per segona i per tercera vegada es repetí el prodigi: però el rector encara no el creia. Fins que li portà tres gotes de cera d'aquelles candeles que cremaven. La gent pujà a la muntanya. Trobaren la imatge dins un garballó. Se l'endugueren a l'església parroquial d'Alcúdia; però no volgué quedar-hi. Tornaren a trobar-la recerada dins el garballó de la muntanya. Prop d'aquell punt construïren una capella.

UN ATAC DELS MOROS AL SANTUARI DE LA VICTÒRIA

Era la nit del dia de Sant Pere —29 de juny— de 1684. Una nau de pirates desembarcà a s'Illot i envestiren el santuari. Esbucaren les portes i s'emportaren tot quant trobaren de valor. També se'n varen dur el donat, que tenia seixanta anys, captiu cap a Alger. Algú ha dit que els pirates moros agafaren la imatge de la verge i la carregaren a la nau; quan foren mar endins, se'ls escapà i retornà a la capella. Els primers que arribaren, l'endemà de l'estrall, observaren que encara tenia la falda mullada.

10 de juliol

SANT CRISTÒFOL

Diu la llegenda que Sant Cristòfol era un gegant corpulent com un pi ver, més alt i gros que el campanar de la Seu.

Feia vida a la vora d'un riu i portava la gent a coll d'una banda a l'altra, perquè en aquell riu se n'havien ofegat molts. Un dia, mentre dormia, s'hi acostà un al·lot i li demanà si seria capaç de traspassar-lo. Ell se'n va riure, en veure aquell esquit; però en esser a la meitat del riu s'adonà que pesava molt, quasi tant com el món.

D'ençà d'aquell dia va prendre el nom de Cristòfol, el que porta Crist sobre l'esquena, perquè aquell infant era Crist i pesava tant com el món que havia creat.

Llavors decidí de predicar l'Evangeli i va esser perseguit per aquesta causa i martiritzat a Samos. Amb el temps, Sant Cristòfol ha esdevingut advocat contra la fam —tanta com n'hi ha hagut a Mallorca—, i contra la pesta, i contra la guerra, i la pestilència, i els malfactors... Protector dels camins i dels caminants, Sant Cristòfol és el patró dels automobilistes, dels camioners, dels qui van en les motos fent salts i cabrioles, ni que fossin poltres, les motos.

L'entranyable dimoni de Santanyí balla i salta a la cercavila de la festa de Sant Jaume.

La processó del Sant Crist d'Alcúdia, cada tres anys

L'ombra del paperí, indici de la festa d'Alcúdia, deixa pas a la processó penitencial.

El carro de la Beata a Valldemossa

El carrer de la Rectoria, a Valldemossa, on es conserva la casa de sor Tomassa.

Un dels carretets engalanats que acompanyen el carro de la Beata

Per Sant Feliu, la festa a Llubí.

Els al·lots fan repicar les campanes que anuncien la missa major de Sant Feliu.

La topada entre en Joan Mas i en Dragut desperta l'interès dels nombrosos espectadors.

Un embolic de garrots i espases

L'alegria de la victòria.

L'església retrona amb els càntics d'acció de gràcies.

Passeig de la vedella, abans de la rifa a Artà, per la festa de la Transfiguració del Senyor.

Carreres de trot, a Artà.

Per Sant Llorenç, les balladores de l'agrupació de Selva dansen l'Oferta.

El rostit a punt, per la festa de Sant Llorenç, al forn de la plaça de Selva

Entre les consuetes mallorquines —teatre religiós de tradició medieval—, se'n conserva una dedicada al nostre sant, corpulent i disforjo: *El misteri de Sant Cristòfol*.

Diu:

> Infant petit, jo só content
> de passar-vos aquest corrent,
> car eixa és la mia intenció
> per guanyar via de salvació.

Ningú no sap, emperò, quan era que Sant Cristòfol vengué a la nostra illa. Hi passava apressat i sopegà al puig de s'Heretat, prop del de ses Bruixes, a la petita serra de Galdent. «Dalt aquest puig de s'Heretat —escriu Mossèn Antoni M. Alcover— s'hi veu encara un penyal amb una gran oberta, i diuen que és d'aquella sopegada. De s'Heretat, Sant Cristòfol se tirà amb una passa an es Porrassar, darrera es corral de Can Mulet, quasi dins la vila d'Algaida, on deixà senyat es peu dalt una penya».

Jo hi he jugat, d'al·lot, pel Porrassar, i m'he allargat dins la petjada de Sant Cristòfol, ni que fos un mort, perquè em contaven que creixeria molt, si ho feia, i jo tenia la il·lusió de tornar gran. També he vist les mares portar-hi infants petits, perquè l'empremta del peu sobre la roca podia fer que aprenguessin de caminar més aviat.

Del Porrassar, Sant Cristòfol allargà la passa fins a Biniali. I d'aquesta petita vila del Pla, entre pastures i garrigues, prop d'un torrent, n'és el patró: la festa major de l'estiu.

També és festa major per Sant Cristòfol a s'Arenal, entre ports esportius i gratacels de ciment. La nit de la festa els coets s'alcen i les rodelles volten a la vora del mar. Sobre l'aigua negra de la badia, milers de llenques de foc de tot color.

Per Sant Cristòfol, també és festa grossa —tan grossa com el sant— a sa Calatrava, al sud-est de l'antic recinte emmurallat de la ciutat. Era el barri on habitaven els adobadors de pells, i les adobaries més conegudes varen esser, en temps passat: Can Gabriel Ros, Can Gori Mercadal, Can Molins, Can Maura, Can Joan Sabater, Can Toni Ramonell... Del carrer de sa Calatrava a la placeta de Santa Fe, del carrer de sa Porta de Mar al carrer d'es Bastió d'es Príncep, del carrer de la Torre de l'Amor al carrer d'es Botons... Sa Calatrava, com una antiga dama vestida de festa. La gent surt a ballar enmig del carrer, amb l'enamorat, amb el marit o amb l'amic... i si manca la parella, una cadira o una granera també poden servir en un dia de festa.

No fa molt, vaig escriure: «D'ençà de 1975, el Grup d'Animació de sa Calatrava, sota l'empremta d'en Toni Rotger, ha esdevingut un model de grup de treball per a la recuperació de la consciència ciutadana, de la festa tradicional i de la vella cultura del barri. Una acció cultural combativa que ha tingut en l'organització de les festes majors d'estiu un dels moments més vius. Entorn de les festes es mobilitzà la gent: teatre, cançó, ball d'aferrat, enramellat dels carrers, pintures en les parets, cinema, art avantguardista, tallers de teatre, varietés, focs d'artifici... Per les festes de sa Calatrava hi passaren Els Comediants, Els Joglars, el Grup Pluja, Pomme d'Appi, s'Estornell, Els Tres Tranquils, il·lusionistes, bandes de música... I entorn de la festa sorgiren altres iniciatives cíviques: assemblees, manifestacions contra la urbanització de sa Dragonera, reivindicació d'espais verds, etc. La gent cantava:

Sa Calatrava fila, fila.
Sa Calatrava filarà...»

S'ARENAL, FASCINANT I GALÀCTIC

PREGÓ DE LES FESTES DE SANT CRISTÒFOL

I tanmateix, s'Arenal encara exerceix sobre el meu cor una misteriosa, irresistible fascinació. No sabria explicar-ne les causes, ni tenc raons de pes que ho justifiquin. Potser s'ajunten diverses circumstàncies, la primera de totes la particularitat que a s'Arenal vaig veure per primer cop el mar. Permeteu-me que us expliqui, amb la brevetat que reclama aquest acte, la mica de record que encara en tenc.

Jo era, llavors, bé que ho sabeu, un al·lot de postguerra. S'Arenal és el punt de la costa més a prop d'Algaida, el meu poble del Pla. Un dia, devia esser l'estiu de 1948, la família decidí d'acudir a aquestes platges, per tres o quatre dies. Una tia de la meva mare, que hi havia vengut una sola vegada en la vida, quan era jove, m'explicava com era d'ample el mar, com era de blau i transparent, amb muntanyols d'arena que baixaven lentament fins a tocar l'aigua.

Partírem de bon matí en un carro que estirava l'euga del padrí Gabriel. Al carro hi anàvem els al·lots i les dones, a més del padrí, que menava la bístia. Els homes —el pare i els oncles— ens seguien en bicicleta. Poc abans d'arribar, quan vàrem esser al capdamunt d'un coster, vàrem veure, com una cinta que travessava el camí, un tros de mar. Aquell dia, vaig conèixer el mar. Però us parl —vos assegur que val la pena de subratllar-ho—, de quan s'Arenal encara era s'Arenal. Potser, de quan s'Arenal encara no era s'Arenal. Amb platges salvatges, i lliris de mar, i pinotells, i mates, i sivines... Aquí hi havia, llavors, un hostal i una petita comunitat de pobladors que vivien de la pesca, de les pedreres de marès, de la llenya dels boscos i del conreu.

De llavores ençà, aquest espai ha suportat profundes i desgavellades transformacions. Bartomeu Sbert parlava en el pregó de festes de 1989 de la «trabucada ecològica», amb la intenció de referir-se a la despietada especulació que hom ha exercit sobre aquest territori, fins a esdevenir un exemple —un mal exemple— d'allò que mai no s'ha de fer sobre el paisatge. Però, què us he de dir que no sapigueu de la improvisació urbanística, de la sobreexplotació del sòl, de la «sardinació» dels turistes, del desenvolupament vertical...? S'Arenal ha crescut per amunt, potser perquè el seu patró és un gegant corpulent i disforjo, més gran que un campanar. S'Arenal ha crescut per amunt, potser perquè havia integrat la imatge descomunal de Sant Cristòfol. Més ens convenia haver cercat el patronatge d'un sant més petit, esquifit i menut.

També els dinosaures —com Sant Cristòfol, com s'Arenal— varen créixer excessivament. No ho sabíeu? Però això no ha vingut en el nostre temps. Els estudiosos de la vida en èpoques remotes expliquen que els dinosaures eren enormes, monstruosos —anava a escriure com s'Arenal—, i tenien el cap reduït i minúscul. Tenien el cap tan petit que, forçosament, el cervell que contenia era exigu, incapaç de governar la voluminosa còrpora de la bèstia. Tenien, els dinosaures, el cos massa gros per a un cap tan petit. Però aquell cervellí no donava l'abast, mentre el cos campava pel seu compte i creixia descontrolat i foll, fins que fou un perill per a la supervivència del planeta. Imaginen certs científics la Terra —per ara només és una teoria— com un ésser viu amb capacitat de desempallegar-se d'aquells elements que posen en perill la seva vida. La Terra exterminà els dinosaures i se'ls llevà de damunt, perquè tenien el cos voluminós i el cap petit, perquè posaven en perill la seva existència. Potser algun dia, la mateixa Terra s'alliberarà dels homes que la maltracten. La veritat és que em sap greu no haver preguntat a s'Arenal —a la platja, a l'aigua, als muntanyols d'arena, als pinars—, aquell dia llunyà en què vaig venir a conèixer el mar, ni que fos un infant, com ho era jo en aquell temps d'estremidora postguerra: «T'agradaria esser un dinosaure, en esser gran?»

Però quan vàrem esser grans, s'Arenal i jo, aquest fou —va esserho per als joves de la meva generació— el mite d'un espai on el sexe era lliure i l'amor, venturós, de nit sobre la platja. Aquí vinguérem a fer tots els pecats, a cercar l'única llibertat que, perquè afavoria la indústria, ens varen permetre. Amos i senyors de la platja, els picadors. Com certs ocells i alguns animals felins, els picadors, cada any en arribar la temporada de la «llagosta», es distribuïen el territori i acotaven l'espai d'acció. Algú, despectivament, els deia «moscards», perquè voltaven les estrangeres sense mirament. Però us assegur que en sortiren estimulats l'aprenentatge d'idiomes, la comunicació humana... L'amor i el sexe, sota la lluna càlida, entre neons multicolors. L'amor multicolor de la nit. Sota els estels, l'amor fascinant i galàctic, qualsevol vespre, a s'Arenal.

Hi havia una diversitat de subespècies que anaven del «picador fi» al «porroner», passant pels «picadors baratos», que anaven en Guzzi, i els «guàrdies urbans», que eren aquells picadors que no tenien coneixement de cap idioma i es comunicaven amb les estrangeres amb senyes, experts en detectar aquelles dones —deien ells— que «anaven d'orellina»: quan la femella cerca el mascle —explicaven—, fa la impressió que alça una orella, com les someres; tota una gamma que descriu les múltiples varietats que configura la biotipologia dels picadors. Però sovint les conquestes amoroses no eren del tot certes, ni tan fàcils com alguns les pintaven. Ho expressà un glossador anònim amb aquests versos:

Picàvem... lo que podíem,
que no era massa cosa...

No vull deixar de reconèixer que contribuïren esforçadament en la construcció de la indústria i varen esser, els picadors, allò que els economistes diuen «una oferta complementària». Connectaren el sexe al màrketing i varen esser l'agent d'una societat que tenia ganes de vendre alguna cosa. Una oferta complementària... D'ençà que no hi ha picadors —és necessari prendre-ho en consideració—, hem hagut de rebaixar els preus.

Qui seria capaç de desxifrar el misteri primitiu i remot de l'amor vora el mar? Interpretar les paraules d'amor, els murmuris del mar? Qui en seria capaç?

L'estiu passat, durant els meus passeigs solitaris per la platja de s'Arenal —he d'advertir que això de solitaris era una actitud de la intel·ligència—, vaig tractar de reflexionar sobre una *questio* de Sant Tomàs, que cercava d'aplicar a la interpretació de l'espai que tenia a prop meu. Sant Tomàs, el vell escolàstic, es planteja el conflicte següent: Perduda la virginitat, *utrum Deus possit virginem reparare,* Déu no pot reparar-la. La resposta del sant és contundent: Déu, per un miracle, pot fer que aquella dona torni a esser verge de bell nou; però no podrà fer que allò que succeí no hagi succeït. Cap poder no existeix que pugui fer que allò que succeí una vegada no hagi succeït mai. Aquesta fou la meva solitària, quotidiana meditació vora el mar. Res no podrà fer que tota la violació que hem exercit sobre la nostra terra, sobre els nostres paisatges: les nostres cales, les platges transparents, les pinedes frondoses i les garrigues... mai no hagi existit.

A vegades, quan era al·lot, el meu pare em plantejava, com en un joc d'enginy, la pregunta següent:

—Quantes senalles serien necessàries —em deia— per a endur-se el puig de Randa a un altre lloc?

—Quantes senalles? —pensava; però no era fàcil de saber—. Quantes senalles.

El meu pare em resolia l'enigma, somrient:

—Una senalla. Només faria falta una senalla en què hi cabés tot.

Fa pocs mesos em revingué a la memòria aquell enigma ingenu en llegir una entrevista a la premsa diària que feien a un candidat a l'alcaldia de Ciutat. El periodista li proposà aquesta pregunta:

—Quantes senalles de dinamita serien necessàries per a fer desaparèixer s'Arenal? Quantes?

El candidat no va saber o no va voler respondre. Però li hauria estat fàcil. Podria haver dit:

—Una senalla, tan sols. Només una senalla seria suficient.

I tanmateix, us ho assegur, no puc oblidar que a s'Arenal vaig veure per primer cop el mar, misteriós i vast com el pensament, tot de camins oberts. El mar fascinant i galàctic, sota la lluna blanca d'estiu.

Cada any per Sant Cristòfol, des de la meva terrada, m'agrada veure els focs d'artifici que s'alcen ran de la platja: rodelles, i coets, i palmeres, i milers de partícules, i formes exòtiques, i estels que pengen sobre l'aigua.

I quan s'aixeca l'última espurna de la nit, no puc evitar de pensar —potser en una senalla en què hi cabés tot...— que davall tant de ciment i tant d'asfalt ens espera l'arena, ens esperen, insubornables, els lliris de platja.

(Aquest pregó fou pronunciat a l'església vella
de s'Arenal dia 4 de juliol de 1991.)

16 de juliol

LA MARE DE DÉU DEL CARME

Diuen que l'almirall Antoni Barceló —el capità Antoni— va promoure entre els mariners mallorquins la devoció a la Verge del Carme, la qual cosa féu que desplaçàs Sant Elm, el vell patró de la gent de la mar.

Era el segle XVIII... Els corsaris barbarescs atacaven els vaixells que navegaven pel nostre mar. S'acostaven a les costes i als ports: apressaven els llaüts dels pescadors i les embarcacions que transportaven mercaderies. Fragates i galiotes barbaresques senyorejaven el mar. Les naus reials recorrien les costes i cercaven els vaixells enemics. Hi hagué mariners mallorquins que varen treure la patent de cors i es llançaren al mar.

Prop de son pare, Antoni Barceló va aprendre l'ofici de bon navegant, la perícia i l'audàcia dels mariners. No hi havia conflicte en el mar que hom no acudís al capità Antoni perquè hi posàs remei.

Les accions bèl·liques d'aquell home de mar es varen fer famoses i les seves gestes es cantaven per la Península: versos de cec, romanços i trobes que els mariners repetien amb admiració i entusiasme.

Molts pobles de mar encara fan festa per la Mare de Déu del Carme, i la tenen de patrona, i fan processons de barques, i canten la salve marinera, i la música toca a l'esperó dels ports. A Cala Bona, dins el municipi de Son Servera, a Cala Figuera de Santanyí —corregudes d'al·lots que encalcen les ànneres per dins l'aigua—, a Cala Ratjada de Capdepera, al Port d'Andratx, al Port de Pollença, a Portocolom, al Port de Sóller i a Portocristo... Surt la Marededéu de l'església. Els mariners la porten a la barca més gran i més engalanada. En algun lloc hi acudeixen més de tres-centes barques. Sota el cel blau d'estiu, les gavines.

20 de juliol

SANTA MARGALIDA

Sa monja l'encén i es frare l'apaga. [14]

Vinculats a la història del convent de Sant Agustí, els Cavallets de Felanitx dansen per la festa de Santa Margalida. Sis cavallets i una dama. Probablement, el seu començament es remunta als primers anys del segle XVII, amb l'arribada dels frares agustins a la vila. Ballaven pels carrers, durant l'oferta, a la missa major, recaptaven joies... Miquel Pons ha donat notícia de com eren els Cavallets felanitxers, de com ballaven... de com ballen encara avui: «La indumentària tant dels Cavallets com de la dama s'ha transformat amb el pas del anys. Mossèn Antoni Pont va descriure els Cavallets vestits de blanc amb sandàlies blanques, calçons curts i amples amb rivets vermells i petits cascavells. La dama, a la vegada, vestida de blanc, amb falda, sandàlies color de rosa i una roseta damunt cada peu, portant a la mà esquerra un es-

[14] Del *Refranyer popular de Mallorca.*

queix d'alfabeguera i a la mà dreta un mocadoret d'escambrai molt brodat per donar entrada als Cavallets».

Acompanya la dansa dels Cavallets la música de les xeremies, del flabiol i del tamborí. «A manca de xeremies felanitxeres —continua M. Pons— venien de Sencelles o de Biniali des de temps llunyà i així a Felanitx, per Sant Agustí i Santa Margalida, gaudia de la festa de xeremies...»

L'amo en Jaume Grimalt, «Bassol», mestre que fou dels Cavallets durant molts anys, explicava el 1979 quins eren els balls que, llavors, en el seu temps, ballaven: «Me'n record de ses Cadanilles, es Passeig, es Canvis, es Rotlet, ses tres Potadetes... que crec que ja no el ballen».

Un cavaller vingut de fora arribà a la vila, fermà el cavall a un arbre, prop dels terrenys on avui s'alça l'església parroquial, i partí a fer els seus treballs. Feia calor i el cavall tenia set. Gratà amb les potes el pedreny i la grava, perquè pressentia l'aigua —una vena d'aigua— que passava per aquell lloc. Quan retornà, el cavaller trobà l'aigua que brollava generosa i fresca. La gent, avesada a l'escassetat de l'aigua, en tingué alegria i féu molta festa.

Per Santa Margalida també és festa grossa a la vila de Santa Margalida, que la té per patrona, i a Santa Maria del Camí. Festa d'estiu: ball i revetlla enmig de la plaça, quan la calor s'encén: «Quan la monja ja ha encesa la calor i pareix que cauen brases d'un cel qui flameja, i la terra se clivella i s'esbadella de tanta set», escriu el pare Rafel Ginard. La monja encén, també, el delit de fer festa.

21 de juliol

SANTA PRAXEDIS

La llegenda explica que el rei en Jaume III de Mallorca batallà al costat del rei de França l'any 1312 contra el rei d'Escòcia, que fou vençut. El rei de França li volgué pagar el suport que li havia donat en temps tan difícil i li entregà la relíquia de Santa Praxedis, venerada a la capella de Santa Anna del palau de l'Almudaina de Ciutat. L'any 1541, en recalar a l'illa l'emperador Carles V, sortí a rebre'l una nina vestida de Santa Praxedis. El pare G. Llompart la descriu amb un pelicà —símbol del sacrifici caritatiu— entre les mans: «El dia 13 d'octubre de 1541 va esser un dia gran en la història de Mallorca. El port de Ciutat estava ple de galeres. La ciutat estava tota endomassada i embanderada. L'emperador Carles V, a primera hora de la tarda, entrava a la ciutat pel portal del moll muntat en un cavall amb guarnicions de vellut negre i baix pal·li de dotze astes que portaven dotze jurats i nobles del regne. En el moment de passar la porta del moll va contemplar un arc monumental amb un gran cobricel amb les armes de la Universitat i tres cadires, davant les quals hi havia tres infants desfressats: una nina que representava la Ciutat, un infant vestit de Ramon Llull, i "una donzella amb una gonella savoiana de vellut molt ben ornada, qui aportava en lo cap una corona i un pelicà amb la mà dreta: i representava santa Praxedis, cos sant d'aquest regne"».

Per Santa Praxedis és festa a la vila de Petra.

22 de juliol

SANTA MARIA MAGDALENA

Patrona dels apotecaris, dels herbolaris i dels barbers, Santa Maria Magdalena, si la pregària és devota i sincera, guarda la cabellera de les dones i la manté sana, lluent i estufada, així com la tenia la santa quan va eixugar, penedida, els peus de Crist. La seva imatge es venera al puig d'Inca i una vella llegenda explica que, en partir les monges del monestir del puig cap al convent de la vila, perquè allà s'establiren i tancaren el vell monestir encimbellat, la santa, que no podia suportar la soledat del puig, partí rere les monges a peu, car s'enyorava.

25 de juliol

SANT JAUME. ELS COSSIERS

Per Sant Jaume, ballen a Algaida, que és festa grossa, els cossiers. Surten al carrer per la vigília, a mitjan horabaixa, i ballen pels cantons fins que el sol es pon. L'endemà, acudeixen a la missa de festa i tornen a ballar, dins l'església, la dansa de l'Oferta; a la sortida, enmig d'una rotllana que el dimoni traça amb un tronc d'atzavara, com un fal·lus enorme. El dimoni marca l'espai inviolable de la dansa ritual, la gent s'arreplega entorn del cercle imaginari, els al·lots l'estiren, i el punyen, i no cessen de fer-li impertinències, perquè els provoca, el dimoni, i els repta a escometre la por, la mica de por que la festa major posa al seu abast.

La dansa dels cossiers és allò que en diuen un signe d'identificació. Davant aquests balls —flor de murtra, el ball dels mocadors, la titoieta, el mercançó, la dansa nova...— els fills del meu poble hem fet durant segles professió d'algaidinitat, com en un vell ritual d'afirmació col·lectiva. Potser només és una actitud primària: la necessitat de sentir-nos emparats per uns gestos, per una terra, pels moviments, i els colors, i el perfum d'una dansa.

Fa devers trenta anys, algú tractà de comercialitzar-los, els cossiers, i quasi els va matar. De fet, els van matar durant alguns anys fins que una nova gent aconseguí que els vells tornassin a ballar, que se n'hi afegissin de joves disposats a entrenar-se, que hi hagués qui s'esforçàs a aprendre'ls de tocar.

El dia de Sant Jaume els cossiers tenen un aire antic que no aconsegueixen de comunicar per Sant Honorat, en què també ballen. Sant Honorat és una festa d'hivern i els colors no són els mateixos que per Sant Jaume, quan el sol cau just plom sobre la dansa. Llavors, els colors reviuen i es combinen entre si amb els moviments: salten, els cossiers, i salten els colors —el verd, el vermell, el groc, el blanc emmidonat de les randes, els colors de les cintes, de les flors, dels capells, dels mocadors de fantasia—, ni que fossin llenques de vidre. I el perfum de la festa: l'alfabeguera amb què els cossiers complimenten les joves, la suor que els regalima per la cara, la mica d'embat que porta a la plaça sentors de garriga... I els cascavells de les cames que acompassen el ritme, i el dimoni que escarneix la dansa i se'n burla.

Cap al final, la dama acabarà per tombar el dimoni sobre l'asfalt, amb la complicitat dels cossiers, que celebren amb ella la victòria. La gent aplaudeix, confiada de veure que el ritual s'ha complert, mentre el dimoni torna a reviscolar i envesteix furiós... com un dimoni.

COM SI FOS AIGUA D'OLORS

Bé que ho sabeu, els santanyiners, fins a quin punt la vostra és una terra eixuta, doblegada als rigors de la sequedat, a la inclemència dels núvols que arriben a migjorn prims de pluja i avars. El paisatge —els sementers de call vermell i les garrigues, els roquissars que tomben sobre les cales— en dóna testimoni, de l'aigua somniada llargament pel terreny i la pedra. Durant segles, la gent l'ha guardada, l'aigua, com si fos un tresor, i ha construït dipòsits —cisternes i aljubs, cocons i basses— que assegurassin la vida dels animals i de les persones durant les llargues, infinites secades; perquè és costum antic dels pobles de la Mediterrània fer proveïment en temps d'abundor, per quan arribin els dies d'escassesa.

També és costum antic dels nostres pobles vells, en arribar la festa —la festa major, al cor de l'estiu, relacionada amb les collites sovint migrades—, desbordar-se en la gresca: els focs d'artifici —bombes i rodelles, coets i desmais— efímers, momentanis; els paperins, les llanternes, les avellanes... i la música. No fa gaire he llegit un article de Bernat Vidal publicat al *Santanyí,* la revetlla de Sant Jaume de 1963, on evoca la bóta d'aigua que antany passejaven en un carro amb la finalitat de regar els carrers polsosos, abans de la festa. Escriu: «Santanyí, que tan sovint implora la pluja difícil, aquell dia regava i tirava l'aigua, perquè estava de festa. I quan un està de festa per bon administrador que sigui ha de saber afluixar la bossa. I aquell dia el nostre municipi de secà tirava una bóta d'aigua preciosa, com si fos aigua d'olors, i aquell pobre carro amb la bóta de Sant Jaume, enrevoltat de crits de la gent menuda, tenia la majestat d'un Carro Triumfal».

La festa —venia a dir-nos l'apotecari, fa vint-i-quatre anys— ens permet d'esser generosos, de malgastar allò de què anam prims i de tirar la casa per la finestra... Llavors és quan aquella aigua —l'aigua difícil, àvidament cobejada dia rere dia— es converteix en aigua d'olors, ni que fos l'aigua meravellosa que algú ha anat a treure d'un pou embruixat.

(Publicat al programa de les festes
de Sant Jaume de Santanyí l'any 1987.)

26 de juliol

SANTA ANNA.
FESTA DEL SANT CRIST D'ALCÚDIA

Cada tres anys, dia vint-i-sis de juliol, per la festa de Santa Anna, Alcúdia celebra la festa del Sant Crist, una antiga talla petita que es venera en una capella de la parròquia, les primeres notícies de la qual daten de 1507.

Aquell any, l'illa patia una duríssima sequera. Mancava l'aigua i mancava, també, la pau. Hi havia fam. La pesta estenia la seva boira grisa.

La gent d'Alcúdia acudí en rogativa a la cova de Sant Martí, lloc de culte dels cristians de l'època romana, i hi portaren la imatge del Crist crucificat. Era dia vint-i-quatre de febrer. El testimoni notarial de Francesc Axartell i Antoni Seguí certifica que, aquell dia, la imatge va suar sang i aigua. Després va ploure abundosament i salvaren la collita.

Cada tres anys, la processó del Sant Crist d'Alcúdia rememora aquell dia en què la pluja benèfica assaonà els sementers i reverdí els sembrats.

28 de juliol

SANTA CATALINA TOMÀS. FESTA DE LA BEATA A VALLDEMOSSA

Arriba la Beata,
vénen ses festes.
I tirarem sa casa
per sa finestra.

La novena de Santa Catalina Tomàs comença a Valldemossa dia devuit de juliol. Llavors, la vigília de la festa, el poble es guarneix amb branques verdes: branques de pi i cues de fasser, cossiols de fulles i garlandes de murta. El capvespre de dia vint-i-set, treuen les relíquies a la processó. L'endemà és festa grossa, disposada la gent, bé que ho diu la cançó, a tirar «sa casa per sa finestra». L'horabaixa, abans que el sol es pongui, surt la cavalcada amb el carro de la Beata, guarnit de flors. Posen domassos a les finestres i als balcons, murtra als carrers. Dues bandes de música animen la gent i la conviden a cantar les velles cobles de sor Tomassa:

Son Tomasseta, on sou?
Ja vos podeu amagar!
perquè el dimoni vos cerca,
dins un pou vos vol tirar.

Que'n viva Sor Tomassa!
Que'n viva Catalina!
Que'n viva la Beata,
que és santa mallorquina!
Que'n viva, que'n viva!

Les cançons fan referència a alguns episodis de la Santa i expliquen que, el dia que va néixer, també va néixer un roser blanc; que, essent encara un infant de bolquers, aprengué a dijunar i només mamava tres vegades cada dia; que, quan encara era nina, acudia als ermitans i feia rosaris; que portava el dinar als pobres segadors; que oïa missa a la Seu, només girant-s'hi, des de la muntanya; que escurava i cosia a Son Gallard... que cap convent de Ciutat no l'acceptava perquè hi fos monja, que, mentre plorava, asseguda a la pedra del mercat —la pedra que encara es conserva, adossada a l'església de Sant Nicolau—, les campanes de tots els campanars repicaren... També expliquen els seus miracles: un baldat va tirar les crosses, un cec hi va veure, només de tocarla quan la portaven a batejar... Llavors, l'apoteosi de la glorificació:

Quan Sor Tomassa morí
tot Ciutat va rompre en plors,
i ets àngels amb rams de flors
li sortiren a camí.

Però, sobretot, refereixen els seus combats duríssims amb el dimoni, que no la deixaven viure. Mossèn Antoni M. Alcover ho va escriure en una *Vida abreviada de Santa Catalina Tomassa:* «Tanta era la fúria i ràbia dels dimonis contra ella, que de vegades, quan anava a extasiar-se o tenia l'oració més vitenca, la tiraven amb un grapada fora de la cel·la o de la tribuna, la rossegaven p'enterra, l'escarrinxaven amb ganxos i puats de ferro, la ferien amb cadenes, verdancs i llanderes, li tiraven brases de foc damunt el cap, la s'enduien a l'aire i li feien pegar esclats i tonverses, la rebatien a la paret, l'apredregaven, la feien rodolar per l'escala i la deixaven croixida, atupada i plena de cops, bravarols i sang».

El dimoni la convidava a fer pecats, li prometia riqueses, es vestia de fadrí i li deia paraules que tenien dos sentits. Fins i tot diuen que li hauria volgut posar una mà a damunt, aquell dimoni. Però s'esclatava de veure que no la podia tòrcer. S'enfilava per les branques de les oliveres, li feia jutipiris i li treia la llengua. L'encalçava cada capvespre. S'amagava dins la caixa, davall el llit, li sortia de dins la cuina, pel forat del rentador, de la cisterna... L'estirava per un peu i l'hi mossegava. Llavors, caminava coixa, na Catalina. Tot eren dimonis que l'atordien, esperits malignes que li buidaven la gerra, cada vegada que treia aigua de la cisterna. Dimonis que somreien, que li trabucaven la senalleta, dimonis que es disfressaven d'ermitans, i de monjos, i d'argenters que li mostraven arracades d'or.

30 de juliol

SANT ABDON I SANT SENÉN, PATRONS D'INCA

Eren dos reis perses. Decidiren de convertir-se a la religió cristiana i van morir màrtirs per causa de la fe que havien professat. Passats molts anys, l'abat del monestir d'Arles traslladà les seves relíquies des de Roma i aviat es va estendre la devoció entre la gent pagesa, que els prengué per patrons.

Per Sant Abdon i Sant Senén, Inca celebra la festa patronal d'estiu amb solemnitat: completes, revetlla, cercavila, corregudes, focs d'artifici, ball, teatre... i missa major. El Gegant i la Geganta —n'Abdon i na Maria— vetllen, expectants, el portal de la Sala. Els al·lots s'hi acosten i els fan gran festa. Arribaren a Inca, segons la crònica que en deixà escrita el poeta Miquel Duran a les pàgines del setmanari *Ca Nostra*, per les festes patronals de 1928. Una glossa xalesta i picantiosa d'Antoni Pons diu:

Es Gegant i sa Geganta
mos guarden s'Ajuntament;
si es bergant està «calent»
«calenta» està sa berganta.

1 d'agost

SANT FELIU DE LLUBÍ. PREGÓ PER A LA FESTA

L'any que ve farà trenta anys que vaig venir destinat a l'escola de Llubí, on vaig exercir de mestre per espai d'un curs. Llavors era, tot ha de dir-se, un jove innocent carregat d'il·lusió —no sé si la il·lusió és una forma d'ingenuïtat— decidit a abocar en el treball, aquella fou la meva primera escola, tot l'entusiasme i el coratge d'aquest món.

A partir d'aquell curs, la meva relació amb la vila de Llubí podria considerar-se —no crec que ningú em pugui titllar d'exagerat— una relació d'amor. Us he de dir que, durant trenta anys, mai no he faltat a la festa antiga i plaent de Sant Feliu. I potser és aquesta fidelitat, mantinguda al llarg de tres dècades, que em dóna la mica d'autoritat necessària per a ocupar aquesta tribuna i pregonar la festa de 1991, enguany que, en encetar l'última dècada del segle XX, el consistori llubiner s'ha decidit de trencar la rutina i donar a les festes un aire nou, alegre i jove.

Una relació d'amor mantinguda al llarg de trenta anys. L'amor no és, bé que ho sabeu aquells que alguna vegada heu estat enamorats, un camí aplanat. No és el meu —el cor es resisteix, tanmateix, a acceptar-ho— aquell amor difícil, quasi impossible, tot de ressentiment i desengany, que Mercè Rodoreda apunta en alguna de les últimes novel·les; «l'amor —diu— com més lluny, més bonic». Cert és que, en aquella meva relació amorosa de la qual us parlava, hi ha hagut alguna ona i el vent hi ha vingut alçurat en qualque ocasió. No en tinc ressentiment. Llull també escriu que les penes i les tribulacions que vénen d'amor són les més nobles. I, com els enamorats, només guard en la memòria el record dels múltiples beneficis que la relació amorosa m'ha procurat, tants que em seria difícil de recontar.

Us parlaré, amb la brevetat que reclama aquest acte, d'alguns guanys que aquella relació d'amor ha reportat a la meva obra literària, bona part de la qual ha estat escrita o revisada, un estiu i un altre, a l'ombra de Llubí.

Quan començava a escriure, en aquell temps d'aprenentatge —encara que sempre he cregut que l'aprenentatge no s'acaba mai—, acudia sovint als voltants de Llubí, un dia pels camins d'es Secost, fins a ses Coves, un altre, per la carretera de Santa Margalida, fins a s'Auberg, un altre, pel camí de Son Mas, una altre, pel de sa Serra, fins a Son Torrents, o pel camí des Racons fins als talaiots, i observava la naturalesa: el camp i la terra, els arbres i les pedres... M'asseia en una paret, sobre una pedra plana, treia el quadern i el llapis i començava a escriure. Pensava: Què sóc capaç de dir d'aquest paisatge que ara tinc davant els ulls? Un dia, descrivia un magraner bord que creixia a la vora del camí, un altre dia, el sol de novembre sobre els murs talaiòtics entre esbarzers, un altre dia, un ametller florit, un camp de roselles, la verdor d'una petita vall, les clapes verdes de les tapereres sobre el terreny acabat de llaurar, una figuera morta, esbrancada i seca, una sínia, un recés del torrent de Vinagrella, aquells hiverns que venia envelat, el cementiri vell... D'aquesta manera, vaig aprendre a conèixer els fragments de la realitat que configura el paisatge específic de Llubí: un tros de país que, lentament, a mesura que copsava els múltiples matisos que l'ordenen, havia començat a integrar a la meva vida. No us sabria dir quantes vegades m'he servit d'aquells retalls per a construir el paisatge fictici on habiten els personatges de les meves novel·les. A vegades, passats alguns mesos, tornava a asseure'm de bell nou a la mateixa pedra, i escrivia sobre els mateixos indrets, quan el temps i la lluna havien fet sentir la seva acció sobre el paisatge. Llavors es tractava de descobrir allò que hi havia d'inalterable i permanent en la natura i allò altre que el temps circular de les estacions havia transmutat.

Un tret característic de la meva obra literària, que segurament es troba accentuat en les primeres novel·les, és la vinculació a la narrativa de tradició oral: històries d'amor i d'infortuni, velles facècies picantioses, relats de la guerra civil que la gent explicava a mitja veu, aventures remotes de personatges misteriosos, fascinants; la mort hi és present, en aquestes històries, i el drama de viure, i el desig, i el dolor, i la fam... vells companys de l'home. És un material que podia extreure del poble i que no hauria estat just de desaprofitar, perquè en la utilització d'aquells materials a través de l'art de narrar hi havia la voluntat de comprometre'm en la causa d'aquells —els més desvalguts de la societat— que, durant segles, havien hagut d'explicar la pròpia història en veu baixa.

I la llengua —el català de Llubí—, una de les formes de la llengua parlada més expressives i més clares de l'àmbit lingüístic. Les imatges populars —metàfores, comparacions, metonímies— es combinen ací fastuosament, i l'idioma s'ha mantingut ric, ple de vitalitat.

A *L'Abisme,* la meva primera novel·la, vaig posar-hi una paraula que havia après a Llubí i que no és utilitzada a cap altre indret on es parla el nostre idioma, perquè se'n pot considerar desaperaguda. Es tracta del mot «garruà», en el sentit de «groller» i «bast». He sentit a dir que un determinat treball és molt garruà, que una persona duu un vestit garruà, mal xerxat, barroer. Francesc de Borja Moll, que revisà l'original, com solia revisar tot el que publicava l'editorial que porta el seu nom, em preguntà d'on havia tret aquesta paraula, perquè no es troba a cap diccionari de la llengua. Li vaig dir que a Llubí era una paraula viva, utilitzada de forma normal. L'estudià detingudament, en traçà l'evolució històrica i m'explicà que es tractava d'una paraula legítima, que jo havia incorporat per primera vegada a la llengua escrita.

Encara, si no fos que hem de parlar de la festa, us podria donar relació d'altres beneficis: de com a Llubí vaig començar la recopilació de cançons eròtiques del camp de Mallorca, que s'apleguen en el primer volum de *Sexe i cultura a Mallorca,* o de com vaig coordinar l'enregistrament directe, l'any 1972, d'un LP dedicat al concurs de cançons del camp que s'organitzava en el marc de la festa de Sant Feliu i que, avui, és una veritable joia discogràfica.

En la salutació amb què la Comissió de Festes i el Batle obrin el programa d'enguany, se'ns diu que les festes arriben «un any rere l'altre com una pluja que vivifica la terra eixuta». Fins fa pocs anys, en arribar el bon temps d'estiu, la festa era una petita pausa en la feina dura del camp. Llavors adquiria el sentit que li era propi: la capacitat que tenia de convocar els homes i les dones d'una col·lectivitat i provocar la diversió compartida, una forma amable de comunicació humana. Encara avui, la gent es diverteix, i riu, i balla a la festa. S'adona, sobretot, que no està tota sola, que pot espantar la soledat i reviure en l'espai de la festa la celebració d'una antiga victòria: el dret a una herència, a un passat. Perquè estam en el dret de recobrar aquelles coses justes del passat, el dret a reprendre el camí de les festes alegres i nostres.

Al bell mig de l'estiu, quan la feina era dura, la festa. No us he de parlar de com era de feixuga la feina del camp d'estiu, de sol a sol. El treball de garbejar i batre, el treball de collir figues, d'espolsar ametlles, de collir tàperes... La literatura tradicional —aquella literatura que hem heretat de la tradició oral: rondalles, coverbos i cançons, romanços antics i glosses de picat— ens ofereix múltiples testimonis de la duresa en què treballaven els nostres vells. Una cançó de batre, que vaig sentir cantar per primer cop a Llubí, diu:

Val més estar a Formentor
a s'ombra d'una palmera,
que haver d'estar damunt s'era,
d'estiu amb tanta calor.

No hi ha cap metàfora en aquests quatre mots i el llenguatge poètic, construït a força d'artifici, hi és absent. Tota la claredat brechtiana de la denúncia, la senzilla nuesa de la protesta. Una altra cançó explicita que les tàperes han de collir-se de bon matí, quan l'alba trenca i la rosada humiteja els caps de brot:

Si vols esser llubinera,
t'has d'aixecar dematí
i veuràs es sol sortir
arran d'una taperera.

A més, la cançó condiciona el fet d'esser llubinera —no el fet d'esser llubiner, potser perquè és un treball que tradicionalment han efectuat les dones— a haver collit tàperes de bon matí. Si mai no has vist sortir el sol ran d'una taperera, diu la cançó, si mai no t'has aixecat de bon matí i no has partit, fosca negra, al sementer, no pots considerar-te llubinera de dret: perquè el dret l'estableix la cançó.

El treball feixuc que no permet ni la distracció, ni l'oblit. Diu una altra estrofa:

Sa nostra figueralera
ha caiguda d'un cimal;
i diu que no s'ha fet mal
perquè pensava amb en Pere.

Pensava la figueralera que prest seríem a Sant Feliu, que pujaria a festa, que veuria l'enamorat. Potser sabia que —escriu el poeta Joan Salvat Papasseit— «... és damunt cada bes que neixen les estrelles». I per això va caure. Perquè havia vist, enfilada al cimal, totes les constel·lacions que l'amor teixeix en la mirada dels enamorats. Per ventura va caure del cimal perquè havia vist desplegar-se al campanar la bandera que anuncia la festa per a tot el terme. Sabia, ben segur, que «...és la primera espira / de la festa de l'estiu» (M. A. Salvà). I la bandera li evocà les imatges del foc de la revetlla: els coets, les rodelles, els desmais, les palmeres. Un cartutx de pólvora —també l'amor és així d'imprevisible— subjectat a l'extrem d'un jonc o d'una canya és capaç d'enfilar-se en la direcció que el jonc o la canya li assenyalen. El foc —ben igual que els pensaments amorosos— traça una cal·ligrafia momentània en la fosca.

La festa d'estiu ens posa a les mans un conjunt de signes d'identificació senzills i amatents: les avellanes, les juguetes, els llums de colors, el paperí, els coets, el ventall, el vestit nou, la plaça plena de gent, la música: la festa major de l'estiu, com una pluja.

(Pronunciat a la sala de sessions de la Casa Consistorial de Llubí, dia 1 d'agost de 1991.)

2 d'agost

NOSTRA SENYORA DELS ÀNGELS, PATRONA DE POLLENÇA

Per la Mare de Déu dels Àngels, Pollença celebra la festa disbauxada de la Patrona, la festa major d'estiu. Què té la Patrona, que a tothom agrada? No sé si sabria respondre, però el conjunt d'elements que incideixen en la festa configuren un ritual dotat d'un poder d'atracció que fascina. Un compendi de llenguatges engrescadors capaços d'esperonar els treballs i la vida de la col·lectivitat.

Constitueix el nucli central de la Patrona el combat de moros i cristians, un simulacre de lluita mitjançant el qual els pollencins celebren un any rere l'altre la victòria contra els pirates turcs. Era pel maig de 1550. Dragut desembarcà a la costa veïna amb un exèrcit de moros rapissers i entrà al poble, de nit. Joan Mas, l'heroi popular de la rústega epopeia rural, invocà la Patrona i incità la gent a la lluita. Encara avui, el crit de Joan Mas prop de l'Almoina conté un cert aire dramàtic que emociona. La campana grossa del campanar toca de foc. El carrer Major és ple de gent que vibra, perquè «els moros ja són aquí». L'escamot de cristians —camises blanques de drap, camises de jeure, els calçons a l'ample, espardenyes d'espart— envesteix els moros sense més armes que les eines del camp, forques i garrots, i alguns arcabussos. Després del primer combat davant sa Quartera, n'hi tornarà a haver un altre a la placeta de Sant Jordi i, més tard, per tres vegades, al camp de futbol. Mentre el sol es pon rere les muntanyes, Joan Mas pren la bandera de l'exèrcit vençut i retorna al poble victoriós. Llavors, a l'església, a l'empar de la Patrona, el tedèum del mestre Tortell i els goigs de la Mare de Déu que va escriure Miquel Costa i Llobera constitueixen un acte patriòtic de pollencinisme ufanós i eufòric.

Però, què té la Patrona, que a tothom agrada? Hi ha en la celebració de la victòria contra els turcs aquella voluntat d'afirmació col·lectiva que caracteritza la festa, les velles festes d'estiu. Hom sent que participa de la vida del poble i se sent vinculat a una història des de la qual és necessari dissenyar el futur. Hi ha, també, l'energia incontrolada que es desprèn del combat, tot allò que es transpira —cal respirar-la o transpirar-la, la festa—, perquè és present en l'atmosfera: l'olor de pólvora i suarda, l'olor de mesclat i de victòria... El mesclat de Can Moixet, que desperta el cos i empeny al combat.

6 d'agost

LA TRANSFIGURACIÓ DEL SENYOR. FESTA DE SANT SALVADOR D'ARTÀ

Per la Transfiguració
se varen fer bones festes:
berbenes amb grans orquestres,
futbol i tir de «pitxó»,
carreres, palo amb sabó...
Aviat estaren llestes.[15]

Vuit dies abans, la gent emblanquinava la casa i l'endreçava a fi de tenir-la a punt per a la festa. Les cosidores i els sabaters havien de treballar de valent perquè tothom tenia pressa del vestit, de les sabates noves... De bon matí, els xeremiers voltaven el poble i feien «sa capta de

[15] Antoni Ginard Cantó (Butlé). Argument de l'any 1982. Artà.

ses joies per a ses corregudes». Els botiguers donaven pomes, cintes de colors, espardenyes, una capsa de tabac, un pollastre... Hi havia missa major, i refresc, i ball. S'encantaven els balls...

—Vuit pessetes sa primera, a la una, a les dues...

El ballador que havia guanyat la primera acudia a treure l'al·lota... Antigament, decoraven el coll de la cisterna de Sant Salvador —potser la Mareddéu substituí una divinitat de l'aigua— amb garlandes de murtra, a punt per al «ball de la cisterna». Encantada la primera, l'home pegava salts entorn del coll de la cisterna, el cap ben alt, els braços alçats, i cridava l'al·lota que el seguís. Ella el seguia. Saltava de puntetes, el cos inclinat cap al ballador...

Enramaven els carrers amb pins de les muntanyes dels Olors i de Betlem, dels boscos de Son Forté, de Bellpuig, d'es Racó i de sa Creu Vella. Per a les joies, collien canyes verdes dels torrents. Les corregudes, a l'esplanada d'es Cós, en acabar l'ofici. Ballaven els gegants. L'altar major era ple d'hortènsies. Les joves feien ventalls per a la festa.

La festa de Sant Llorenç des Cardassar.

Els gegants recorren la vila per Santa Càndida a Llucmajor.

Ofrena floral a Santa Càndida a la parròquia de Sant Miquel de Llucmajor.

La Mare de Déu morta a l'església de Muro.

La Marededéu morta a la parròquia de Santa Eulàlia de Ciutat.

La Marededéu morta a l'església de Sant Marçal de sa Cabaneta.

Processó de les Crestes a Valldemossa, per la festa de la Marededéu d'agost.

Portal enramellat a la Vilanova d'Esporles.

Festa de la Mare de Déu d'agost a Sineu: carreres al cós.

Els cossiers d'Alaró tornen a ballar per Sant Roc.

Per Sant Roc, a Porreres, els capgrossos i els músics de la Filharmònica acompanyen les autoritats a l'ofici.

La capella de Sant Bernat a la Real amb flaire d'alfabeguera.

La dansa dels cossiers de Montuïri el dia de Sant Bartomeu.

Per Sant Bartomeu, a Montuïri, els joves provoquen el dimoni amb crits i mamballetes.

Festes a Felanitx per Sant Agustí. Cartell de les berbenes.

Dansen els cavallets de Felanitx

10 d'agost

SANT LLORENÇ

Dia deu d'agost, per Sant Llorenç, és festa major a la vila de Selva. Antigament, la gent anava a la festa «vestida de festa» i n'hi havia molts que estrenaven la roba. Acudien al cant de completes, a l'ofici, compraven una canyamel o un siurell i rossegaven els peus, volta qui volta la plaça. «Es senyors de llavors —escriu Toni Solivelles al programa de 1976, i es refereix a les primeres dècades del segle XX— es vestien a Can Mercadal. Sa classe mitja la vestia "ses cosidores". Es foravilers de llavors venien a festa amb camia de mig dol de llista gruixada i un "gemelo" d'os que s'embotonava al coll». Els vells papers diuen que la relíquia de Sant Llorenç fou portada a Selva amb la intenció de fer rogatives d'aigua. En un document manuscrit de 1719 del reverend Bartomeu Ferragut i Oliver, beneficiat de la parròquia de Selva, es diu que dia trenta de març d'aquell any, després de llargues pregueres, caigué l'aigua abundosa: «plogué en vàries parts una aigua bona i entre nosaltres aigua de blats».

Per Sant Llorenç, a Selva, balla cada any l'agrupació de balls antics Aires de Muntanya, creada per les germanes Sastre —«ses Senyores»— l'any 1930. El «Copeo selvatgí», la «Jota d'es figueral», el «Bolero vell de s'hort d'en Boira», el «Ball de ses xapetes», el «Copeo matancer»... són balls que identifiquen l'agrupació de Selva.

També per Sant Llorenç fan festa a Sant Llorenç des Cardassar, ja que és el patró de la vila. A la novel·la *Flor de card*, Salvador Galmés descriu com era la festa a les darreries del segle XIX:

> «Era el dia de Sant Llorenç, la festa major.
>
> En Belluguins, a les cegues, sense precedir bravates ni provatures, era sortit a les corregudes i s'havia guanyats els dos pollastres. La joia d'honor, vencent dos corredors externs, els més anomenats de la rodalia. Estava d'enhorabona!
>
> Havia fet present d'un pollastre a s'enamorada en el cós mateix, damunt l'arena de la victòria, estojant l'altre per l'endemà anar de bauxa i fer una vega amb sos amics, a la vorera de mar. Ella n'estava enorgullida.
>
> L'horabaixa l'acompanyà per la vila.
>
> La festa estava en el bull. L'aspre so de les xeremies escampava discordances d'alegria primitva dins l'ambient: un ambient gras, heterogeni, format per la cridòria dels venedors ambulants i avellaneres, la veu aguda del revetler encantant i lliurant les "dotzenes", els sons del ball, l'embadaliment dels foravilers, les entremaliadures de la gent menuda, els emborbollaments de llenguatge amorós dels jovencells, els remolins de gent granda, purs espectadors d'una festa de la qual, anys enrera, n'eren protagonistes, l'aire pompós i aristòcrata de les pageses de masia; trepig, polseguina, baf, suor, mareig, peus torturats, cossos en premsa, sospirs, plors d'infant, rialles, desveri, rebumbori, quimeres...».

Segon diumenge d'agost

SANTA CÀNDIDA

Santa romana i màrtir, patrona de la vila de Llucmajor, on és custodiada la relíquia, d'ençà del segle XVIII. El dissabte, la música recorre el quadrat amb la comparsa de gegants, caparrots, negrets, patges i dimonis. L'endemà, de matí, les xeremies toquen diana i criden la gent a l'ofrena de flors a la Santa —flors d'estiu, murtra i brots d'ullastre— i a la missa major. Diuen els Goigs que va escriure Maria Antònia Salvà:

Beneïu la vila estesa
que us prengué per defensiu.
Sia plena d'honradesa
vostra festa de l'estiu,
quan arriba, com una ona
d'esperances i claror,
Santa Càndida, Patrona
de la gent de Llucmajor.

Hi haurà focs artificials i corregudes de joies, que presideix el «batlle d'honor», i berbena amb orquestres americanes i ballarines. A mitjanit, els coets i les rodelles s'enduen la festa.

ELS CAPTIUS

BREU HOMENANTGE A MARIA ANTÒNIA SALVÀ

La mar era plana com un vidre. Per Cinquagesma, els sementers són grocs i les espigues, madures. La mar escampava fins a les blateres un airet afinat de sal i de misteri. La gent de sa Marina en sap velles històries, de pirates. Diuen que dins «es cocó d'es moro» hi rentaren la sang d'un company ferit, un dia que fugien espantats per l'oguer de s'Allapassa. També expliquen que, una altra vegada, el pastor se'n defensà tirant-los pels ulls escudellades de llet que bullia. Històries de rapisseries i desembarcs que estrenyen el cor i gelen la sang. Tot déu en serva records amargs en la memòria: el record del germà, l'ànsia d'una filla robada, una mare jove que ha desaparegut, un fill adolescent... La cançó resa categòrica:

S'Allapassa n'és bon lloc,
si no fos que és moratiu...

És moratiu, el lloc, i hom sap que es presenten inesperadament com la mort. La poetessa es plany de la inseguretat que marca els jornalers d'aquelles contrades:

—Ai del qui fa a la marina
de pastor o llenyater!—

I es refereix a una nota manuscrita d'un llibre vell guardat a l'arxiu familiar: «L'any 1655, la mitjana festa de Cinquagesma, desembarcaren los moros i encativaren Antoni Romaguera fill de Juan, Gori Salvà fill d'Antoni, Marc Puigserver i Juan son fill, als quals embarcaren en el portell d'en Vaquer».

Quatre homes forts, engrillonats i presos caminen vers la nau sarraïna, el dia de la segona festa de Pasqua Granada. Han baixat a la platja per un camí de cabres. Callen, potser ploren. Observen la terra, les blateres grogues, les cases llunyanes, els roquissars, els ocells que volen en aquell cel tan ample... Pugen al vaixell. El caporal ordena als mariners que aixequin les àncores i els observa un per un. Els mira si estan sans, si tenen bons braons, si valdran bons diners al mercat d'Alger... Potser s'ha burlat d'ells quan els ha vist plorar... Lluny, la terra ha començat a fondre's dins la boira. La poetessa escriu, de bell nou:

> Mar endins la nau fugia,
> mar endins desaparegué...

15 d'agost

LA MARE DE DÉU D'AGOST

S'adreça l'or antic del cadafal
damunt el marbre de les velles fosses.
Jau Maria serena i virginal
com un lliri trencat pel temporal.
Més que de mort, sembla el seu llit de noces.

LLORENÇ MOYÀ

En temps antic, per la Mare de Déu morta, era festa solemne a la Seu de Ciutat i a moltes viles. Encara ho és a Biniaraix i a Campos, a Esporles i a Caimari, a Puigpunyent, a Sineu, a Sencelles i a Valldemossa, on se celebra la «processó de ses crestes», el nom de la qual es deu a les diademes que, restes de la indumentària escènica medieval, porten els dotze apòstols que carreguen la imatge jacent de la Mare de Déu i la porten al llit voltat d'àngels barrocs i alfabegueres.

També és festa solemne a Sant Jordi, al Pla de l'Horta de Ciutat. Al programa de 1992, hi he pogut llegir que, entre molta altra festa, hi haurà «corregudes d'ases i someres i bestiar bord a Son Fullana». És la festa major.

Sabem pels documents que, en altre temps, els cossiers ballaven a la processó. A Alaró, a Sineu... i portaven una vara guarnida de flors. «Ens resta recordar —escriu el pare Gabriel Llompart— la importància que ha tingut a Mallorca la decoració amb plantes oloroses del monument funerari de la Mare de Déu. La tradició demana —i els convents de clausura segueixen fidels a la demanda— que la jardineria prepari amb mesos d'antelació cossiols, grans i menuts, d'alfabeguera que es disposen al voltant del llit de la Mare de Déu. L'alfabeguera és repartida als fidels en ramells en el transcurs de la festa. Que la tradició és antiguíssima ho demostren els quadres de la Dormició de les parròquies d'Alcúdia i de Santa Margalida de la segona meitat del segle XVI amb profusió de cossiols d'alfabeguera pintats entorn de la imatge».

16 d'agost

SANT ROC

Oració a Sant Roc

O fill del Governador
del Reialme de Mallorques,
tu que les llàgrimes torques
de la pesta i el terror,
dóna'ns llibertat i amor
—avui llunyanes i esquives—,
i allibera les captives
vides, tu que en la presó
ratjaves pau i claror,
com una font d'aigües vives.[16]

L'endemà de la Mare de Déu d'agost se celebra la festa de Sant Roc, advocat contra la pesta, a Alaró, Porreres, Cala Ratjada, Son Roca, i s'Alqueria Blanca.

[16] Llorenç Moyà Gilabert de la Portella.

Sant Roc va néixer a la ciutat de Montpeller l'any 1284, quan pertanyia a la corona mallorquina, i hi va morir, maltractat i vexat en la presó, l'any 1327, després de llargs pelegrinatges per terres d'Itàlia, on va assistir molts apestats. Hereu i senyor de la baronia de Montpeller, donà tot quant tenia als pobres per amor de Déu, es vestí de pelegrí i partí a trescar món. Arribà a emmalaltir-se: ferit de pesta, habità en una cova; però cada dia un ca hi acudia a llepar-li les nafres i li portava un pa per al seu manteniment.

A la vila d'Alaró, per Sant Roc, els cossiers tornen a ballar a la processó. El sant —Sant Roquet, diu la gent— tresca els carrers enramellats de la vila. Però també ballen a l'ofici, després de l'ofertori. Així va veure-ho, l'any 1845, Joan Cortada, viatger pintoresc i escriptor satíric: *Concluido el ofertorio, el celebrante y los dos asistentes se sientan, el tamborilero se coloca tocando al altar mayor, pónense allí mismo los «cociés» y la dama, hay un bailoteo de media hora, y mientras tanto los diablos suben y triscan por el templo, se apuñetean, andan a la greña, se tumban por el suelo, corren uno tras otro, se caen, se levantan, pasan la enorme barra cual si fuese un rasero por sobre los concurrentes a fin que estén sentados, y dan a las cabezas de los que están en pie tan terribles golpes que los oíamos desde el órgano.*

Anys després, el 1901, Joan Rosselló de Son Forteza, escrivia, referint-se a les danses de Sant Roc dels cossiers d'Alaró: «Entrada de nit, en acabar-se de cantar a la parròquia les solemnes completes endimoniades, així anomenades perquè els mateixos dimonis tenien esment de posar ordre l'apinyada multitud, lo que movia gran avalot i gatzara, la dama i els cossiers pujaven per dansar sobre el presbiteri; i ballaven bona estona davant el sant Patró».

I Francesc Vallcaneras, que ha investigat admirablement els cossiers d'Alaró i els ha impulsat de bell nou, escriu: «Arribat el 15 d'agost, vigília del Sant Patró, acudien a ballar. Era el capvespre. Sortia la processó amb la Mare de Déu morta i recorria els carrers del poble.

Els cossiers l'acompanyaven i ballaven "La Processó" durant tot el trajecte.

Un cop la processó tornava al temple parroquial, els cossiers ballaven altra vegada. Rodejaven el cadafal instal·lat allà dintre i dansaven "el llit de la Mare de Déu". I ja havien acabat per aquell dia.

El matí de Sant Roc els cossiers s'hi posaven dejorn ferm.

Una hora abans de l'ofici anaven a cercar fadrines.

Aqueix antic i galant costum consistia a anar cada un dels cossiers a la casa d'una al·lota parenta o coneguda i acompanyar-la, vestit de cossier, fins al portal de l'església: allà entrava amb ella i li oferia l'aigua beneïda. I a cercar-ne una altra s'ha dit».

Després de l'ofici, feien la capta per les tavernes i les cases, a fi de recollir presents i diners. El capvespre, «a l'hora de la processó de Sant Roc la cosa era semblant al dia anterior. Acompanyaven la imatge ballant la "Processó", però no ballaven dins l'església».

A Porreres, per Sant Roc, també és festa major. Hi ha ofici major i ball de l'Oferta, cercaviles, corregudes, concurs de miloques i teatre. En altre temps, els enamorants havien de fer «sa mocadorada» al·lota. Llavors s'encantaven les primeres ballades.

Miquel Pons descriu l'antiga festa de Sant Roc a s'Alqueria Blanca amb aquestes paraules: «Les funcions religioses eren pertot d'un mateix estil. Ofici solemne amb sermó i oferta. A la sortida es ballava "sa dansada des batle", que solia ballar l'obrer amb l'obrera, que era una joveneta, acompanyats per les xeremies. En principi sembla que es ballava a ses Rocasses i després al replà de l'església. Aquesta tradició havia estat perduda i recobrada fa uns anys. Les corregudes en temps primer es feien en es pou del Rei de Son Rossinyol, i després a ses Teuleres, on s'hi anava amb carretons petits...».

La gent en deia «festes de ballar i córrer», d'aquestes festes, perquè sempre hi havia ball i corregudes. Vegeu un fragment del programa de les festes de Sant Roc de 1984 a s'Alqueria Blanca.

A les 8 hores i 30 minuts.

Diana i cercaviles amb les xeremies. Recollida de joies. Per primera vegada intervendran a la festa de Sant Roc els dos dimonis del poble.

A les 10 hores i 30 minuts.

Ofici solemne amb sermó per mossèn Joan Bauçà, Vicari Episcopal. Cant dels goigs del sant. A l'ofertori, ofrena de fruits. A la sortida, dansada d'es batle, acompanyats per les xeremies.

A les 11 hores i 15 minuts.

A la plaça de Sant Josep, refresc per tothom. A continuació corregudes a peu amb moltes de joies. Correguda especial del pollastre. Tirada a corda entre deu casats i deu fadrins. El primer premi serà una ensaïmada d'un quilo i tres botelles de xampany. Per als vençuts el premi serà una ensaïmada més petita. Es repetirà el joc per fadrines i casades amb el mateixos premis.

20 d'agost

SANT BERNAT

...i es frare l'apaga.

L'havia encesa, la calor xafogosa de l'estiu, Santa Margalida: *sa monja l'encén...* «Per Sant Bernat, sembla que afluixa. Ara, es frare l'apaga...». És festa major en es Secar de la Real i allà acudeix la gent de Ciutat, sobretot dels barris ciutadans: de s'Indioteria, d'es Molinar, d'ets Hostalets, d'Establiments, de Santa Catalina... És festa major: revetlla, ball d'aferrat, xeremies, taules d'avellaneres, siurells de Pòrtol... Sant Bernat és advocat contra el mal de cap i les migranyes: «Sant Bernat cura de febre i de mal de cap», diuen. Als qui van a besar el sant els obrers de la festa els donen un brot d'alfabeguera. Hom diu que l'alfabeguera de Sant Bernat té virtut.

EL DIMONI DE LA MEVA ÀNIMA

Avui, davant una esquela mortuòria, les meus ulls han cercat les imatges d'un temps que ja no hi és, d'una història secreta que no tornarà mai, perquè tenia la màgia del gest improvisat, de la passa insegura, de la reverència difícil que no pot repetir-se i que resta dibuixada en el record vagarós —anava a escriure inútil— de la vida fràgil d'un poble i d'un temps.

Amb la mirada seca, he poalejat en la meva prehistòria i, si va a dir ver, només hi he trobat preguntes sense resposta. El meu pou és lluny d'esser una bassa d'oli o un estany d'aigua quieta i trascolada. Sent a flor de pell la remor de les correnties que arriben desfermades i de les venes que porten la frescor valenta del que es mou, i arriba, i passa..., i ens deixa sobre la boca el regust amarg de qualsevol herba. El regust sagrat de la corratjola que fa les flors lilenques i era la verdesca que més agradava a les conilles del vicari Perrusca, el regust de la cibolla i el de la cogula amb el tronc de la qual fèiem xeremies. Nosaltres, els al·lots, corríem escampats com un esbart d'ocells rere un tro d'escopeta. Aquell dimoniarro, enfundat en un vestit de sac tot d'una peça, eixamplava la rotllana i, sempre que podíem, ens hi arrambàvem de traidoria per estirar-li la cua i gronxar-li el picarol, en una esclator de crits i de rialles. La vida era una festa. El dolor, una incògnita que desconeixíem. La vida era tota la nostra festa. Els cossiers aixecaven a l'aire els mocadors i dibuixaven signes misteriosos de colors. Les relíquies dels capells florejats res no podien contra aquell dimoni. I, tanmateix, no tenia mal cor. L'església s'omplia de gent i de salts, de cap a l'Oferta. Ell restava al carrer, assegut a l'ombra pacífica del campanar, perquè el dimoni no pot entrar al temple. La vida que bull, la petita bimbolla de vida que ens ha tocat en sort, una ganyota estúpida damunt la cara i el *requiescat in pace* ordenat segons el ritual. Tot plegat, una història terriblement diabòlica. Els cossiers no mancabaven mai de voltar. La dama, suara virtuosa, més tard impúdica, cantava consirosa el romanç difícil de mestre Joan:

Mestre Joan jeu a llit amb sa banya enrevoltada.
Ha foradat el llençol i cent dobles de flassada.
—Déu vos guard, mestre Joan. Quina botiga heu parada
de teles i tafetans i altres coses delicades!
A on teniu la muller, que no la veig dins la casa?
—Els frares de la Mercè, que la m'han emmanllevada

quinze dies, quinze nits, i encara no l'han tornada.
Ai, muller! Quan ne vendràs, prou que et trencaré una cama,
de la cama en vendrà el braç, i del braç la carcanada—.
Mentrestant, diguent això, la muller puja l'escala:
—Aquí tens una unça d'or: els frares la m'han donada.
—Ai muller! si ho fas així, torna-hi una altra vegada,
que jo m'estaré al llit amb la banya decantada
amb cent dobles de llençols i altres tantes de flassades.

Al final del romanç, la dama reprenia la dansa i el dimoni, que durant tot el temps no parava de gesticular i d'escarnir-la, gronxava la cua i el picarol remarcava despietadament la befa. Tot plegat no era més que un petit joc d'escarni, l'aventura del gest o la passió ridícula d'un jutipiri.

Tu qui tens més ocurrències
que's qui sol fer de dimoni
ses vegades que a la vila
hi ha festa i balls de cossis.

Marian Aguiló: *Poesia.*

Amb els anys arribàrem a aprendre una llarga lletania d'històries infernals, de velles històries que ens feien baixar el cap d'empegueïment, perquè ens tocaven les fibres més amagades de la nostra innocència. La imaginació no tenia aturall i, per això, coneixíem de memòria aquell dimoni vestit de senyora rica, amb els potons de boc, que temptava el vell Sant Antoni, i l'escabotell de dimonis de la porteria del convent de les monges, que se'n duien, divertits, un malalt pervers, abans de badallar. Ell, el dimoni, que també havia fet de Bon Jesús als Dotze Sermons, explicava amb una rialleta, naturalment diabòlica, que li havia tret més diner fer de dimoni que no de Bon Jesús. També deia que sabia fer miracles, car havia assistit una mare que no podia subjectar el fill mal criat i li havia fet por. La por, tornava a dir, obra miracles. També em contaren que dos individus més de mig beguts l'engrescaren d'anar a donar un trastorn al barri de les dones de preu i que, amb la disbauxa, s'oblidaren que el duien dins la maleta del cotxe i allà va estar-se, aparcat en un carrer de Ciutat, fins que els crits i les coces alarmaren la gent i el tràfec. Quan el varen treure, n'hi va haver més de dos que varen tenir por i pensaren, commoguts, que no era més que un pobre home que se n'anava de la rosca i que havia volgut jugar-los una mala passada. Una por molt ingènua, tanmateix. Una dolça por de regalim.

El dimoni és mort i la meva ànima ha quedat una mica buida. Les estrangeres que s'emportaren les últimes fotografies mai no sabran el significat de les seves ganyotes ridícules. En aquests anys darrers, tots plegats ens havíem venut de mala manera. Ell havia venut per quatre monedes el seu gest sarcàstic, la meva carussa diabòlica. Nosaltres, la nostra ingenuïtat d'infants revetllers. La venda, a vegades es paga amb la mort. Al dimoni, els homes de la funerària decidiren vestir-lo de Sant Josep. El vestit de saqueta ha quedat buit. Ens ha deixat aquí, sobre el call d'aquesta terra dura, amb el cor abocat a la nostra tragèdia.

24 d'agost

SANT BARTOMEU

BEU-TE A GLOPS LES ESPIRES

Pregonar la festa és, encara avui, proclamar el triomf de la vida sobre la mort quotidiana del poble. Sobre la mort que estén el seu sudari damunt les teulades de les cases, pels turons, pels sementers i les garrigues. En la mirada transparent d'un infant i sobre el gest antic d'un home vell. Com una boira blava, la mortalla dels dies.

El pregó de la festa és l'anunci d'una subversió que neix en l'entranya: el món és més difícil de viure i habitam un temps que no genera records. Contra la solitud, l'espontaneïtat humanitzadora i lúdica de la festa d'estiu.

El pregó és una invitació al deliri. No et planyis el cos per Sant Bartomeu. Viure la festa és excitar-se amb la festa. Arrenca a córrer davant el dimoni, salta amb els cossiers damunt la plaça, balla fins a l'alba, enamora't, aquest dia, i beu-te a glops les espires del foc. Tirau-vos al carrer, per Sant Bartomeu.

Viure la festa és embriagar-se amb la bona olor que la festa exhala: olor de murtra, olor d'alfabeguera, suor de festa, el perfum del dinar que surt de cada casa. La festa és el fruit de molts d'anys i molts d'homes. És l'esforç secular per mantenir unes paraules, uns gestos, uns balls, uns perfums, uns colors, unes accions que defineixen la voluntat de viure d'un poble. Podem trobar en la festa —en les festes antigues que la societat moderna tracta de reviure— els batecs del nostre passat. S'erigeixen, aquestes festes —la festa d'Elx, la Sibil·la, la Representació dels Reis d'Orient, la dansa dels cossiers—, com puntes de diamant de la nostra cultura. Els batecs del poble. Montuïri batega, mentre els cossiers salten —cada salt, un batec— pels carrers i les places de la vila. Montuïri batega per Sant Bartomeu com el cor d'un home enamorat: capaç de viure l'experiència reivindicadora de la festa, capaç de perdre el cap en el ball —la nit és clara i fa calor, però al cel hi ha un camí pintat d'estels—, capaç d'enamorar-se en l'espai d'un instant, capaç de tornar a néixer quan arriba la festa. Montuïri batega.

Beu-te a glops les espires. L'amor és breu com el foc d'artifici. Potser, la vida només dura l'espai d'un alè, quan el desig ens crema i la raó s'encén disposada a mobilitzar totes les energies. L'últim luxe dels pobres, la festa, aquella part de la nostra vida que cal preservar de la mediocritat, contra la mort.

Beu-te a glops les espires. L'efímera violència dels focs d'artifici. Els colors, l'enginy, la sorpresa, la brevetat del foc. Encén la teva vida. Sobre la fosca d'una nit d'estiu, l'arabesc del foc, la momentània cal·ligrafia del foc, sota el cel puntejat d'estels. L'atreviment de beure les espires, ni que fossin el vi que transforma la vida en una venturosa energia. És aquesta força que fa els pobles més lliures. I la llibertat dels homes es mesura per la seva capacitat de somni. És més lliure el poble que se sap defensar de la desesperació i de l'engany tot encenent els focs de cada nit, l'espireig dels silencis que perviuen en les obscures galeries de la imaginació. És també un viatge a través del desig, la festa. Qui fos com aquell rei —era un rei de rondalla— que tenia un anell dins el qual podia veure tots els viatgers: homes que sabien interpel·lar els secrets de la natura, que coneixien els colors de la pols dels camins, les flors de les voreres, el perfum de les terres, la forma inexplicable dels núvols i les boires. Mentre dura el viatge pels camins del desig, aprenem que la vida —existeixen els dies i les nits perquè hi siguem feliços— és immensament rica i que l'avorriment i el fàstic són una traïció a la festa.

Vet aquí el sentit de la meva proposta: la festa, el viatge a través de la sensualitat, l'experiència lliure de les coses que ens atreuen, la insolència de capgirar la història quotidiana, la subversió que exorcitza la solitud. Els colors del foc. El xiulet dels coets que salten furiosos. Beute a glops les espires de tots els focs. Arrenca a córrer davant el dimoni i crida: «No té banyes ni cervell / el dimoni cucarell». De què és capaç un poble que corre tots els anys davant el dimoni? Sentiràs a les cames l'atzabor de les corretjades, l'emoció de sentir-te perseguit pel dimoni, sentiràs l'ombra que s'allarga i s'allarga de la barrota, tant com la vista. Quasi tan llarga com el campanar, la barrota.

El campanar és sovint per a la gent un motiu d'orgull. Es concentra en el campanar un sentiment minúscul i primari de patriotisme. He sentit entre persones de pobles diversos discussions animades perquè tots afirmaven que el campanar del seu poble era el més alt. Una vegada vaig conèixer una senyora casada amb un home extern que, cada vegada que ell, una mica nostàlgic, evocava qualsevol gràcia de la seva vila, li donava matadura amb el campanar. «Però el nostre campanar —deia— és més alt que no el vostre». Vaig decidir intervenir pietosament a favor d'aquell home: «El campanar simbolitza el sexe de la col·lectivitat», li vaig dir. «El penis erecte d'un poble és el campanar; cada vegada que presumeix que el campanar del seu poble és més alt que no el campanar del poble del marit —continuava— d'allò que presumeix realment és del membre més llarg». D'ençà d'aquell dia, us ho assegur, la senyora no tornà a posar-se el campanar a la boca.

La barrota s'alça com el campanar enmig de la festa. El campanar, emperò, posseeix la gràcia alada de les campanes que volten i repiquen. El campanar viu l'alegria de Sant Bartomeu. Salta, el campanar, quan sent olor de festa. I el poble se sent satisfet de veure que té ganes de jocs. El joc de fer festa, la seducció i la sensualitat de la festa, dins l'ardor de l'estiu. Dissortat és el poble incapaç d'empinar el campanar cada nit.

La seducció de la festa: la seducció de riure plegats. Escrivia Pere Capellà a començaments dels anys cinquanta i traçava un esbós de quadre de costums, per la festa de Sant Bartomeu:

En es passeig animats
faran oli es jovenets
i es veis, per no passar estrets,
seuran a cada costat.
Hi haurà rodelles, fum
i ets al·lots més polissardos
faran explotar petardos
dins sa gent, com és costum.

Beu-te a glops les espires. Balla sobre la murtra del carrer. Comparteix la febre del ball: l'envit eròtic, l'espai de la carn pels camins de la dansa, la febre d'una mirada que puny, l'elegància d'un braç que s'aixeca, la màgia d'un gest que enamora. Balls de galanteig, danses que celebren les collites de la terra i el mar. «Per la bellesa dels balls —escriu Ramon Llull al *Llibre de Contemplació en Déu*— e dels mots e de les novelles raons que atroben e dels bon sons, veig que los joglars i els trobadors són escoltats».

Per la bellesa dels balls, i del mots, i de les novelles raons... Llavors la festa esdevé consciència de la col·lectivitat, instrument de cohesió i d'identificació. Llavors la festa és germana de la vida. Quan un poble sent la quotidiana necessitat de viure, expressa en cada gest, en cada paraula, en cada raó novella el seu afany insubornable de llibertat.

Però enguany volia parlar, perquè és enguany, de Sant Bartomeu, el sant apòstol que mena la festa. Sabeu que el van martiritzar, que li arrencaren la pell de viu en viu... Diu la llegenda que es passejava per la vila amb la pell al coll. Que les mosques no el deixaven viure de picades. Li varen fer la pell per les novelles raons que portava en el cor. I li esbucaren el ball.

És aquest ball —flor de murtra en les mans—, el ball de la vida que batega en el cor i encén les energies dels homes i les dones. Ballau-lo, doncs, fins que els peus en vulguin. Que no mori el desig. Beu-te a glops les espires i que Sant Bartomeu ens mantengui despert el delit i el campanar erecte, per vides i vides.

(Pronunciat a les Cases Consistorials de Montuïri,
la nit de dia quinze d'agost de 1989.)

28 d'agost

SANT AGUSTÍ

L'origen de les grans festes d'estiu a Felanitx es remunta als començaments del segle XVII, amb l'arribada al poble dels frares de l'orde de Sant Agustí: els frares de la corretja.

La imatge del sant, a l'antic convent, porta una església de fusta en una mà i un bàcul de bisbe a l'altra. Però té el cor clivellat de penediment...

És festa sonada. El dissabte, surt la comparsa dels gegants, encapçalada pel gegant vell, que presideix la gresca: la cabellera blanca, la casaca de seda groga... Acompanyen els Cavallets juntament amb el dimoni, que mena la festa, obri el pas i marca l'espai de la dansa. «Els cavallets blancs i falaguers —escriu Jaume d'Albocàsser—, varen esser aregats dins l'hort del convent i sortiren d'allà per entrunyellar les seves danses pels nostres carrers i mesclar els seus botets de teulader jove amb les reverències dels frares, damunt el presbiteri encatifat del Convent».

En altre temps, hi havia processó. La gent plantava pinotells i enramades als carrers d'en Vaquer i de la Porteria... També feien fira. La millor fira de l'any. Corregudes de joies, taules de torroneres, música i ball. Encara avui, les berbenes de Felanitx són les més febrils i delirants de l'illa. Bernat Vidal i Tomàs ha escrit de les berbenes dels anys quaranta: «Donava voltes al rotlo on ballaven de bot i se sentia la banda municipal. El director de la qual la dirigia fent moure els músculs de les galtes com si bufàs a un bombardí, instrument que degué esser el seu quan, en lloc de director, era un simple professor de música».

Primer diumenge de setembre

FESTA DE LA BEATA
A LA VILA DE SANTA MARGALIDA

Entre les festes margalidanes de la Beata, la Processó és el punt on s'aglutina l'esforç del jovent, la voluntat de gresca, la participació col·lectiva, la fastuosa màgia... Ningú no sap l'origen de la Processó, encara que n'hi ha que suposen que va començar per les festes de la beatificació de Santa Catalina Tomàs, l'any 1792.

Hi ha, de bon matí, ofrena de flors; llavors, ofici solemne, corregudes, música... La jovenalla, vestida a l'antiga, acudeix a la Processó. Porten una gerra —més d'un miler de gerres es trenquen, aquesta nit, als peus de la Beata—, que els dimonis els prenen de les mans per fugir de pressa fins a trencar-la als peus de la Beata. Remenen les anques, provocadors, sonen els picarols i rebenten la gerra. L'una rere l'altra, les gerres. La gent canta les cançons de Sor Tomassa. Hi desfilen cadafals i carrosses que evoquen la vida llegendària de la Beata, els sants que l'ajudaren mentre vivia —Sant Antoni Abat, Sant Bru, Sant Pere, Sant Cosme i Sant Damià, Santa Praxedis, Santa Caterina, la Puríssima...— i els àngels —centenars d'àngels, els ulls com de móra, els cabells cargolats, les ales arrissades—, i les virtuts —la fe, l'esperança, la caritat, la justícia...—, representades per nines vestides de colors.

La personificació de la Beata hi és dotze vegades, a la Processó: la que va a peu, davant la qual els dimonis trenquen les gerres; la de la carrossa de la «Glorificació», entre núvols blancs i roses de paper; la de la carrossa «Flor de Mallorca»; la de la carrossa «les Virtuts»; la de la carrossa «Trànsit»; la de la carrossa «de la Infantesa»; la de la carrossa «la Seu de Ciutat»; la de la carrossa «Santuari»; la de la carrossa «Màrtir»; la de la carrossa «del Pou»; la de la carrossa «Didalet»; la de la carrossa «Lliri blanc virginal».

Puja pel Povàs, tot de palmeres, i arriba a la plaça entre festers de teia... En acabar la Processó, el Dimoni Gros trenca encara les gerres que queden...

9 de setembre

FESTES DEL REI EN JAUME A CALVIÀ

E trobaren un lloc qui havia nom Santa Ponça, e estimaren que allí era bon lloc d'arribar.

Llibre dels Fets.

Cada any, a les darreries d'estiu, Calvià commemora l'arribada de les tropes cristianes de Jaume I a Santa Ponça, dia 9 de setembre de l'any 1229.

La festa és venturosa i clara. Vora la Pedra Sagrada, missa solemne i ofrena de flors a la Creu dels cavallers de Montcada. Els senyors regidors llegeixen fragments de la Crònica de Jaume I i, més tard, a la cala de Santa Ponça, quan el sol cau, es commemora el desembarcament del Rei amb parlaments, autoritats i banda de música.

L'ombra del Conqueridor plana sobre les terres de Calvià, mentre dura la festa. L'estiu acaba, finalment, i potser no tardaran a arribar les primeres tronades de tardor.

HISTÒRIA I LLEGENDA, PASSIÓ I MITE DEL REI EN JAUME

En la vella memòria dels mallorquins, ni que fos un sentiment cobejat en secret durant segles, existeix el perfil d'un rei que la llegenda ha dibuixat amb emfàtica, venturosa claror. Tots els reis —els grans reis de l'èpica popular: valents, generosos, nobles i justs— són el Rei en Jaume. Els reis amatents i galants de les rondalles, els reis esforçats, gloriosos i heroics de les llegendes, els reis que la fantasia aixeca en la imaginació, àdhuc els reis màgics, aquells reis de l'Orient que decidiren seguir un estel que passava i travessar el desert, i la muntanya, i el riu, a la ventura.

El poeta Joan Alcover, en un dels primers poemes de *Cap al tard*, recull aquest perfil imaginari del rei que la fantasia popular ha generat al llarg de molts anys. El poema «El rei» pentany a les *Cançons de la Serra* de l'esmentat llibre i va esser escrit segurament el 1904, amb motiu de la visita a Mallorca del rei Alfons XIII.

Dos porquers observen, des de la solitud de la serra, de nit, la ciutat il·luminada per a la festa:

—Mes, el Rei, com és? —li deia
el menut al companyó.
I ell gran resposta li feia,
com qui resa una oració:

—El Rei sap les Escriptures
i tots els llibres, de cor,
i, com les xeixes madures,
sos cabells són color d'or.

Mots que surten de sos llavis,
de genolls són obeïts.
Té les unces dins alfabis,
en soterranis humits.

El porquer continua descrivint aquell rei i ens diu que:

En son trono fa justícia,
guanya d'un pam als més alts.

...

Dels petits ja mai s'oblida,
i als potentats posa fre,

...

Després, acabarà:

Totes d'or són ses vaixelles,
són de ploma sos coixins,
i estan plens de fontanelles
d'aigua d'olor sos jardins.

...

Duu ermini damunt l'espatla,
és de porpra son mantell,
i si el segon és el batle,
el primer de tots és ell.—

Aquest rei, com extret d'un conte meravellós, és un rei que pertany a la mitologia, un rei que ens evoca el mite del rei Conqueridor, un mite llargament cobejat pel poble. El mateix Joan Alcover en va fer referència en un discurs de 1908, pronunciat amb motiu del setè centenari del naixement de Jaume I: «No és un rei —afirmava—; és el Rei per antonomàsia». És el mite. I el mite —qualsevol mite— és un llenguatge que cal interpretar. Possiblement seria interessant estudiar les diverses lectures que se n'han fet al llarg de la història de la vida i les gestes del rei en Jaume. Valdria la pena conèixer les recepcions que n'hem elaborat en cada moment de la nostra peripècia col·lectiva.

Hom parla de l'estructura plurifuncional dels mites. Sabem que giren entorn d'un conflicte social i, sovint, l'expliquen o ens donen relació dels canvis històrics. Ens parlen dels orígens i de les creences d'un poble sobre el seu passat. El mite és, per tant, una temptativa d'explicació.

És cert que, a vegades —abans he parlat de la seva estructura plurifuncional—, afavoreixen el poder i imposen o reforcen els dogmes oficials. Però, altrament, forneixen models interpretatius de la realitat, ens relacionen amb la història del poble i ens obrin camins d'integració social i humana.

La mitificació de la figura del rei en Jaume s'inicia en la Crònica de la seva vida. En el *Llibre dels Fets* el monarca escriu o fa escriure la història segons ell mateix vol que sigui recontada. També el paisatge —les platges i els pinars de Santa Ponça— hi és mitificat: «E trobaren un lloc qui havia nom Sancta Ponça e estimaren que allí era bon lloc d'arribar, e que hi havia un puig, e prop de la mar, e ab cin cents hòmens que hi paguessen pujar no haurien paor que el perdessen ans seria arribat tot l'estol».

Sovint la llegenda humanitza la natura; llavors el paisatge participa del mite i ens l'aproxima: la Pedra Sagrada, el Pi dels Montcada, el Coll de sa Batalla... Sobre la Pedra Sagrada s'hi concentren tots els elements que defineixen un dels nostres grans mites: la fundació del Regne de Mallorca. He de dir que la capella actual, que li dóna cobri, va esser dissenyada per mossèn Antoni M. Alcover i construïda el 1929 amb motiu del setè centenari de la Conquesta.

Pero la figura del rei venia mitificada des del seu engendrament. Potser és el gran cronista Ramon Muntaner qui ens en dóna la versió més atractiva. Amb apassionat esment, Muntaner ens reconta com fou la venturosa naixença del monarca, fill del rei en Pere d'Aragó i de dona Maria de Montpeller. El rei, que era molt jove quan es va casar amb dona Maria, acabà enamorant-se d'altres gentils dones per les quals, explica el cronista, sentia «escalfament» i, encara que tornàs a Montpeller, mai no s'acostava a la muller legítima, la qual cosa desplaïa els ciutadans «e senyaladament los prohòmens». Un dia, emperò, els nobles senyors feren venir un cavaller «qui era privat de dit senyor rei» i li digueren que si s'avenia a fer allò que li dirien el farien ric. El cavaller els va dir que parlassin: «...vós sabets —li digueren— que madona la reina és de les bones dones del món e de les santes e de les honestes, e sabets que el rei no torna ab ella, de què és gran minva e dan de tot lo regne». Es tractava de resoldre un problema polític: «...si lo dit senyor rei moria e no hi havia hereu, seria gran dau e deshonor de tota sa terra, e senyaladament seria gran dau de madona la reina e de Montpeller, qui convendria que vengués en altres mans. E nós per neguna raó no voldríem que Montpeller isqués null temps del real d'Aragó». Els nobles senyors li demanen que porti la reina a la cambra del rei i li faci creure que és l'amant que ell estima: «...nós vos pregam que vós que li digats que vós havets acabat que ell haurà aquella dona e que vendrà a ell tot secretament en la sua cambra, mas que no vol que llum hi haja, per ço que per negun no sia vista. E d'açò haurà ell gran plaer. E com ell serà gitat a tothom haurà despatxada la cor, vós vendrets a nós ací el lloc del consolat de Montpeller, e nós serem, los dotze cònsols, e haurem entre cavallers e ciutadans, altres dotze dels mellors de Montpeller e de la baronia; e haurem madona Maria de Montpeller, reina, que ab nós, ensems ab dotze dones honrades, de les pus honrades de Montpeller, e ab dotze donzelles, irà ab nós al dit senyor rei. E si vendran ab nós dos notaris, los mellors de Montpeller, e l'oficial del bisbe e dos canonges e quatre bons hòmens de religió. E cascun hom o cascuna dona e donzella portarà un ciri en la mà, lo qual encendrà com la dita dona Maria entrarà en la cambra del senyor rei. E a la porta de la dita cambra tuit estaran justats entrò que sia prop de l'alba, que vós obrirets la cambra. E com oberta serà, nós ab los ciris cascun en la mà entrarem en la cambra del senyor rei. E aquí se meravellarà, e llavors nós li direm tot lo fet e mostrar-li hem que té de prop la dita madona Maria, reina, e que havem fe en Déu e en madona santa Maria que en aquella nit engenrarà tal fruit de què Déu a tot lo món en serà pagat e el seu regne en serà proveït».

El cavaller va considerar que la raó d'aquells nobles senyors era «santa e justa» i es va decidir a complir «tot ço que ells havien dit». Els féu, aiximateix, un prec: «...jo us prec e consell que dilluns, a honor de Déu e de madona santa Maria, comencen tots quants preveres en hòmens d'orde haja en Montpeller, a cantar misses de madona Santa Maria...». La reina s'avingué a allò que li demanaven els nobles senyors «...perquè per tot lo món se deïa que el pus savi consell del món era aquell de Montpeller...». Els va dir que el rebia, aquell advertiment, ni que fos «la salutació de l'àngel Gabriel, que féu a madona santa Maria». Quan arribà, finalment, el dia assenyalat «...can tothom fo colgat al palau, los dits vint-e-quatre hòmens bons e abats e priors e l'oficial del bisbe e hòmens d'orde e les dotze dones e les dotze donzelles ab los ciris en la mà entraren en lo palau, e les dos notaris; e vengren entrò a la cambra del senyor rei a la porta. E aqui entrà madona la reina. E ells estregran defora agenollats en oracions tots ensems. E lo rei e la reina foren en llur deport, que lo senyor rei cuidava temir de prop la dona de què era enamorat».

Aquella nit varen estar obertes totes les esglésies de Montpeller i tot el poble pregà Déu perquè fos engendrat un hereu. «E com fo alba, los prohòmens tots e prelats e hòmens d'ordre e dones, cascun ab son ciri encès en la mà, entraren en la cambra on lo rei era en son llit ab la reina. E meravellà's, e saltà tantost sobre el llit e pres l'espasa en la mà. E tots agenollaren-se digueren en plorant:

—Senyor, mercè sia de gràcia e de mercè vostra, que vejats qui us jau de prop».

Ramon Muntaner, que explicà en la seva *Crònica* aventures, viatges i accions de guerra que ell mateix havia viscut, orgullós de les «trenta-dues batalles entre de mar e de terra en què són estat», i home d'una absoluta lleialtat envers qualsevol príncep o rei del casal d'Aragó, no coneixia més que a través de lectures i per tradició oral la història meravellosa de l'engendrament del rei en Jaume. Hi ha en el relat una certa intenció d'aproximar-nos als fets, de familiaritzar-nos amb la història que explica, encara que es tracti d'una història prodigiosa, quasibé màgica, no exempta d'un rerefons social i polític.

En el sermonari que he pogut consultar, predicat en la Seu de Mallorca per la festa de la Conquesta o en les festes commemoratives de la naixença del monarca, només hi ha una referència a l'engendrament prodigiós del rei. És en el sermó que pronuncià Llorenç Riber el 1908. Diu: «Déu suspengué per curtes estones la irreconciliable malvolença que sentia Pere d'Aragó per s'esposa Maria de Montpeller, perquè vengués a n'el món el Rei en Jaume amb senyals d'una alta predestinació tot just apuntava el dia dos de febrer, festa de Santa Maria Candelera» [17].

Però retornem al gran mite de la fundació d'un regne novell. No n'hi ha prou amb les cròniques, i les llegendes no són suficients. El poble ha imaginat que el rei deixava marcades les petjades del cavall per allà on passava. Era l'empremta del gran rei, de l'heroi popular, del mite. Només els grans herois mítics han tingut el poder de deixar la marca del seu pas sobre les roques: en el sud d'Itàlia, les vaques d'Hèrcules havien deixat la seva petja, ni que fos cera blana sobre un camí de pedra. També Roland, l'heroi de Roncesvalls va deixar la marca de la seva bota en una roca... També se'n troben arreu d'Europa del gegant Gargantua, de la Verge Maria del Diable... A Mallorca, el cavall del Rei marcà les seves potades sobre la pedra a Alaró, a Santa Maria, a Marratxí, a Inca, a Sóller, a Binissalem, a Esporles... El poeta Miquel Costa i Llobera en va escriure un poema narratiu que integrà el recull *Tradicions i fantasies*, publicat per primera vegada a Barcelona, l'any 1903.

Des del penyal de les Bruixes
fins a l'esquerp Puig Major,
des del mur de Santueri
fins al castell d'Alaró,
mostra el pagès de Mallorca
les petjades que amb sos bots
marcà damunt roca viva
un cavall meravellós.

...

Així torres escalava
o cingles tallats a plom,

[17] Llorenç Riber i Campins. Sermó pronunciat a l'església Catedral pel VII centenari del naixement del Rei en Jaume, Festa de la Candelera de 1908. Palma. Tip. Amengual i Muntaner, 1908.

i d'un salt a la planura
se llançava dels turons.
A perseguir la morisma
corria com un fibló:
si de sobte s'aturava,
obria en terra ample solc.

Costa i Llobera reuneix diverses tradicions espargides arreu de l'illa i les integra en el poema. El Rei va pujar al castell d'Alaró, perquè el volia prendre de les mans dels moros. El combat no era fàcil, degut sobretot a les dificultats de la muntanya abrupta i dels penyals. Mossèn Alcover la recull, aquesta tradició, en el seu *Aplec de Rondaies Mallorquines:* «A on les tengueren fort va esser allà on comencen es graons de s'escalonada, a mitjan coster, d'un rost espantós. Idò per aquella empinada costa s'enfilava es cavall, i hi deixà ses potes senyades, que encara s'hi coneixen i prou».

També a Binissalem, actualment situada a l'entreforc d'un camí que parteix de l'estació cap a la muntanya, en el punt de confluència de tres carrers, hi trobam sa Pota del Rei en Jaume: un forat d'un pam de diàmetre en una roca que té la virtut de guarir les sedes als al·lots i a les dones.

D'aquestes potades del cavall del Rei en la roca se'n troben a Esporles: sa Potada des Cavall del Rei en Jaume, entre Son Valentí i ses Mosqueres. També, en terres de ses Casesnoves, devora una alzina corpulent, hi ha una roca sobre la qual s'hi troben dos forats del tamany d'un plat petit: ses Potadetes del Rei en Jaume. I torna a esser mossèn Alcover qui ens aporta el testimoni escrit d'una llegenda que la tradició situa al Serralt des Molins, a Inca: Sa llenegada des Cavall del Rei en Jaume:

> «Darrera es convent de ses monges d'Inca a sa costa des molins surt una timba a flor de terra i fa una regata, una espècie d'arregussai.
>
> Diuen que va esser que el Rei En Jaume, com perseguia es moros per esvair-los de Mallorca, un dia era dalt des Puig Major, i los me va veure devers Inca. I què fa ell tot d'una? Pega esclafit

> i esperonada an es cavall, i es cavall llongo, i se tirà just damunt aquella timba.
>
> Es cavall llenega d'una pota i tan fort aferrava, que va fer aquella llenegada, aquell arregussai, que encara s'hi veu ben senyat: ben coneixedor».

En altres versions varia la causa del salt. Ara no es tracta únicament de perseguir la morisma i fer la guerra, sinó de defensar la vida d'una al·lotona perseguida per dos moros. El Rei, que voltava per les crestes des puig de Massanella, veu que s'hi acosten, pega esperonada al cavall i la salva.

Novament, a Sóller, trobant-se el Rei en la contrada d'Almaluig, vora el camí que va de Binipetit a Binigran, deixà marcades les potes del cavall i el regueró de la pixarada que féu abans de saltar.

També és mossèn Alcover qui parla de les marques del cavall del Rei en es Coscois, entre Santa Maria i Marratxí:

> «...se veuen uns clots com a potadetes de cavall, i quan pujau an es castell d'Alaró, devers mitjan lloc, si ho mirau bé, també n'hi veureu de clots dins sa penya, que ho pareixen, potades de cavall.
>
> Diu la gent que les hi va fer es cavall del Rei en Jaume com perseguia es moros de la muntanya, i des puig de Son Cos de Marratxí amb un llongo se tirà an es Coscois de Santa Maria, i amb un altre an es castell d'Alaró».

Les empremtes meravelloses del cavall del rei sobre les roques de l'illa són el testimoni màgic de l'afirmació d'un mite col·lectiu: l'encuny d'una cultura, el poder i la força de la seva petja.

He parlat abans de l'estructura plurifuncional dels mites, i els sermons predicats a la Seu de Mallorca, que he citat just ara, en són l'afirmació, d'aquesta funcionalitat múltiple. L'atenta lectura dels sermons de la Seu ens fa pensar que els mites són, a vegades, una creença elaborada com a resposta als interessos o als desigs d'un grup. Aleshores, el mite és l'embolcall d'un símbol que s'utilitza políticament, el rostre de la veritat oficial. Si els llegim de primcompte, els Sermons de la Seu —d'un total de dotze que n'he consultat, solament tres, el de

Festa de la Beata a la vila de Santa Margalida: la carrossa de la glorificació.

A la processó

El popular Dimoni Gros.

A Santa Ponça, festa del desembarcament.

La processó de la Marededéu de Lluc, la vigília de la festa.

Davant el portal de Lluc, madò Antònia Buades de sa Pobla canta les antigues cançons del camp de Mallorca.

Festa del vermar a Binissalem, el sopar a la fresca.

Al carrer de Sant Antoni de Binissalem, concurs d'ornamentació

sa botigueta

El primer most raja a la plaça.

La nit de les Verges a Bunyola, cançons d'amor a la serena.

Els rosaris de Tots Sants.

La matança del porc.

Imatge de Santa Llúcia a l'església de la Mercè a Ciutat.

Al castell de Capdepera, la processó de la Marededéu de l'Esperança.

mossèn Antoni M. Alcover (1905), el de mossèn Llorenç Riber (1908) i el de mossèn Andreu Caimari (1921) foren pronunciats en llengua catalana— podem arribar a les següents conclusions:

a) L'acceptació i l'aprovació de la guerra, mentre la guerra tingui el sentit de creuada i es faci contra els moros o contra els comunistes:

> *...el Prelado de Barcelona le promete el reino celestial por el buen propósito de perseguir a los enemigos de la fe y de la cruz; y el Legado pontificio, Cardenal de Santa Sabina, la arma cruzada, le bendice, y concede grandes indulgencias a cuantos le acompañan en la contienda. Hay aquí, pues, la confirmación de la licitud de aquella guerra; y ya ocioso sería entretenerse en demostrar que cumplía con todos los requisitos exigidos por los tratadistas de Derecho para poder llamarse justa: autoridad pública, la de soberano de súbditos vejados; causa legítima y necesaria, la negativa del walí a dar reparación de los agravios y su persistencia en el deseo de inferir otros nuevos; y recta intención de los combatientes, la de liberar a los cautivos, restablecer la fe católica...*
>
> (José Miralles Sbert. Justificación de la Conquista de Mallorca. Palma. Imp. de J. Tous, 1911)

b) La unitat religiosa és la primera condició per a la unitat política:

> *Pero ¡ah hermanos!, besemos, agradecidos, la mano providente del Altísimo. De las sombras musulmanas sacó Dios la luz de la redención patria al conjuro de un Caudillo que ha heredado con ventaja, el genio cristiano y guerrero de Jaime "el Conquistador"; al conjuro de Franco, quien, mientras funde admirablemente fuerzas nuevas e idealismos antiguos que, como aguas salidas de madre, desde Navarra, la siempre fiel, bajan preludiando ya las glorias de Recaredo y Suintila, y dibujando en el horizonte rojo y gualdo de nuestra Patria la grandeza de los Reyes Católicos, nos grita ¡Españoles! ¡Por Dios y por la Patria!*

España debe ser Grande y Libre bajo el signo de la Unidad de creencias y de territorios.

(Antonio Garau Planas. Sermón predicado en la Santa Iglesia Catedral Basílica en el Aniversario de la Conquista de Mallorca, el dia 31 de diciembre de 1937. Palma. Imp. y Litog. La Esperanza)

c) Déu és partidari empedreït de la *Hispanidad*:

Era el alma racial la que latía en las frentes hoscas de nuestros guerreros, que cambiaron por un fusil la hoz y el arado, para defender la integridad intacta de nuestras costas de Manacor. Es el águila que embiste al halcón.

Renacieron, en un sacro anónimo, los héroes de antaño que vamos a proclamar Hijos Predilectos de nuestra Ciudad. Eran los nietos de Don Jaime.

Y con Don Jaime se luchó por Dios y por la Hispanidad.

(Sebastián Gayá Riera. En torno a la Hispanidad. Palma. Imp. Guasp, 1941)

d) Dues interpretacions del sentit de les guerres de religió: els moros fan la Guerra Santa com a conseqüència de l'odi que senten vers els cristians. Aquests fan la Creuada perquè el cel està de la seva part:

Ungido de misterio, murió Mahoma, el profeta de Allah. En el ambiente febreciento de su pueblo vibraba una ilusión. Sobre su tumba floreció —como al borde del pantano la flor maldita— el grito de «¡Guerra Santa!». Mil brazos forzudos esgrimían al aire sus alfanjes rojizos de sol, como si fueran antorchas del odio...

El viento de la Meca cruzó el Estrecho: arribó a playas españolas...; y ahogó en sangre el poder de la monarquía goda. España huyó, escalando breñas astures. Sólo allí no subirían los turbantes del Profeta del Islam. Antes había subido aquellas ro-

cosidades una Virgen, Hermana de la Madre de España; con ésta y con sus hijos había subido con paso leve, mayestático y cadencioso, la Epopeya.

(Sebastián Gayá Riera. *En torno a la Hispanidad.* Palma. Imp. Guasp, 1941)

f) Que el destí catòlic de Mallorca ja ens venia marcat d'ençà de l'era talaiòtica:

¡Luchemos por la fe! Todas las grandezas y las glorias patrias quedan iluminadas, transfiguradas por la fe de nuestros padres.

(Valentín Herrero. *Sermón de la Reconquista.* Palma. Estab. Ti. J. Tous, 1929)

g) Catalunya, que havia portat a Mallorca la fe i la *españolidad*, ens ha duit ara (el sermó és de 1940) el caos:

Carísimos hermanos: Han pasado los siglos. Volvió a caer en nuestros campos la Cruz del Dios de España. Anidaron en Mallorca los halcones de presa. Se derrumbó, como en el Guadalete, la Historia. Las naves que de Barcelona nos trajeron la fe, de Barcelona nos trajeron el caos.

(Sebastián Gayá Riera. *En torno a la Hispanidad.* Palma. Imp. Guasp, 1941)

D'aquesta manera, Jaume I ingressava a la confraria dels grans mites nacionals-catòlics: *Juana la Loca, El Cid, Viriato, Fernando III, Agustina de Aragón...*

Anys enrere, mossèn Alcover presentava la lluita contra l'Islam com un combat feréstec entre dues cultures:

«Una lluita hi ha hagut, la més heroica, la més gloriosa, la més èpica, la més estupenda que registra la història, la lluita de l'Occident contra l'Islam, la lluita de la Creu contra la Mitja-Lluna. Era allò l'esperit de l'Evangeli, que és llum, ordre, progrés, civilització, contra l'esperit de concupiscència carnal i mundanal, que és fosca, desgavell, barbàrie».

(Antoni M. Alcover. Sermó de la Conquista de Mallorca.
Ciutat de Mallorca, estampa d'en Josep Tous, 1905)

En el nucli del mite de la instauració, n'hi trobam un altre: el de la legitimació de l'antiga noblesa mallorquina, hereva dels conqueridors, d'il·lustre avior. Segurament, els versos de *La Colcada* de Pere d'Alcàntara Penya són la descripció d'una festa barroca —la festa de la Conquesta— en la qual la vella aristocràcia exhibia encara el seu poder. La padrina, que narra l'esplendor de l'antiga festa, es plany de veure com s'ha perdut la vella magnificència, el fulgor d'altre temps:

Mustia està ja la pauma
que mos donà la victòria.

En la descripció no hi plany el detall, la minuciosa relació de llinatge, la ironia i la nostàlgia del temps passat...

... i s'aplegaven
davant Cort els cavallers
i a cavall molts de carrers
en processó transitaven,
a la moda antiga armats,
de cap a peus brufats d'or,
amb rics mantells adornats
de lama o tissú del bo.

...

Corria tot el seu curs
la solemne processó;
i acabada, en el balcó
d'Almoina, feia un discurs
un Regidor dels més savis,
en el qual feia memòria
del valor dels nostres avis
beneint cent noms de glòria;
bons llinatges! ai! jo en sé
que ara passen fam canina.

El poeta es dol de veure que la festa ha perdut la solemnitat d'altre temps, que hom hagi deixat de «fer memòria» dels llinatges gloriosos i de les gestes heroiques; es lamenta de constatar la decadència d'alguna d'aquelles grans famílies fins a l'extrem de passar fam.

En l'estructura plurifuncional del mite hi caben, bé que ho hem vist, múltiples interpretacions, àdhuc la desmitificació. I és que no existeixen els mites per si mateixos, i som nosaltres que els feim reviure, potser, segons les nostres irrenunciables quimeres.

He de retreure de bell nou les paraules de Joan Alcover, del discurs de 1908. El poeta es pregunta sobre l'autenticitat del mite que ell ha construït del Rei Conqueridor. La resposta és ben interessant:

«Però el nostre Jaume I, el cabdill de baronil bellesa, muntat en el cavall ardent que amb la cua esventava la morisma, focus d'aquell món que la poesia, la història i la tradició obriren als ulls encantats de l'adolescència, és l'autèntic? La meva fe no vacil·la en afirmar-ho. Si la distància l'idealitza, no el tergiversa; esfum els trets inexpressius i accentua les línies essencials del gran caràcter on s'ostenta l'encuny d'una raça».

Permeteu-me, doncs, d'accentuar aquelles línies de la història que, sense tergiversar-la, en fan encara avui, del rei en Jaume, un mite per als nostres temps: Després de la Conquesta, el Rei va promoure el repoblament de l'illa, i va fundar el poble mallorquí, i n'organitzà la convivència pacífica. Dotà aquell nou regne d'una constitució, rica en llibertats i franqueses. Féu que hi arrelàs una llengua nova. No volgué esser un rei estrany en la seva terra i estimulà una societat d'homes lliures.

12 de setembre

LLUC: FESTES DE LA DIADA

Les festes de Lluc són antigues, tan velles com el poble. Era molta la gent que pujava a Lluc i hi havia ball a la llum dels festers i bones viandes: carn de vedella i perdiu, xocolata, sucre esponjat i ensaïmades; i corregudes de joies amb capons i pollastres. Els joves corrien davant el bou d'es Cosconar. I hi havia «aigua gelada» que preparaven amb la neu del puig de Massanella. Aquest dia, els «al·lots blaus» estrenaven les sabates noves. Es cantaven completes i, l'endemà, durant l'Ofici, hi havia músics que tocaven violins i violes d'arc i cantadors.

Actualment —llegim el programa de les festes de 1988—: «El dissabte, entrada de fosca, la Comunitat i l'Escolania amb el poble resa el rosari mentre pugen al pujol. Una vegada arribats al cim, vora l'encletxa llegendària, es fa la contarella de la trobada, mentre s'aixeca d'aquell lloc una imatge de la Mare de Déu amb l'esclator de les campanes, els coets, les mamballetes i la banda de música... (...) A més del ball de bot hi ha glosat, desfilada de llanternes de meló i síndria, rifes d'alguns animals donats pels amos de les possessions d'Escorca»...

EL CAMÍ DE LLUC EN LA MEMÒRIA

Els bons oficis d'un vell amic —en Josep Obrador— m'han portat a dirigir-vos la paraula, avui horabaixa, capvespre d'agost sota el cel transparent de Sencelles, i a pregonar com qui fa públic un esdeveniment la pujada a Lluc a peu de la gent pagesa.

Per quatre vegades al llarg de la meva vida he anat a Lluc a peu. Vaig fer-ho per complir la promesa que havia contret pel naixement de cada un dels meus fills. «Si tot va bé —em deia a mi mateix— pujaré a Lluc a peu...»; però cada un d'aquells parts va esser molt més difícil que no el camí de Lluc. Potser aquest fet, i el convit insistent d'en Josep Obrador, em donen un bri d'autoritat —l'autoritat del saig— per encendre la temptació del camí, la necessària voluntat de posar-se les cames al coll i emprendre la llarga caminada que mena «per empinada costa, / per desolts camins» vers la vall tranquil·la on l'illa encara guarda entre puigs solitaris una imatge antiga de la Mare de Déu.

Avui, emperò, he vingut a pregonar el camí de Lluc: la certesa del camí que no deixa, la sensualitat del camí. El Mediterrani —bé que ho sabeu— és fet tot de platges i camins. La gent parla i conversa durant la caminada. I experimentam el plaer de fer camí plegats, perquè poden passar mil coses pel camí: l'amor, i la vida, i la mort compareixen inesperadament: en una drecera, després d'una volta, vora una font d'aigua clara, entre pollancres. El camí no deixa. Cada casa és un món i tot el món és l'illa. En l'espai limitat d'una terra a vegades s'hi tanca un univers sencer. Coneixem les coses a partir de l'experiència immediata que n'hem obtingut. Potser tota la terra s'emmiralla en l'espai de l'illa i tots els camins del món s'assemblen una mica al camí de Lluc. Permeteu-me que us posi un exemple. Es tracta del fragment d'un diàleg extret del llibre *Ciutats invisibles* d'Italo Calvino. Un diàleg que mantenen Marco Polo i el Kublai Khan, en aquell país remot on ha arribat, després de llarg viatge, el navegant venecià. Diu Marco Polo:

«Senyor, ara ja us he parlat de totes les ciutats que conec».

«Encara en queda una de la qual mai no m'has parlat».

Marco Polo esperava amb inquietud que el gran Khan li digués quina era la ciutat de la qual mai no havia parlat.

«Venècia», va dir.

Però Marco Polo va somriure: «¿De quina ciutat creieu que us he parlat sempre?»

L'emperador advertí: «I, no obstant, mai no t'he sentit mencionar aquest nom».

I Marco Polo afirmà: «Cada vegada que parl d'una ciutat, explic alguna cosa de Venècia».

«Però, quan et pregunt per les altres ciutats, vull que em parlis d'aquestes ciutats. I de Venècia, quan et pregunt per Venècia».

«Per distingir les qualitats de les altres ciutats, he de parlar d'una primera ciutat que tinc en la memòria. Per a mi, és Venècia».

Com el gran navegant, tampoc no podria parlar d'una altra terra sense parlar de la meva illa. Em seria difícil parlar de qualsevol camí del món sense tenir present el camí de Lluc. Bé podria trescar per rutes misterioses i hostils, per camins salvatges i amenaçadors. El camí que mena al castell interior de l'home. La ruta d'Ulisses. Els viatges de Simbad, el mariner. Camins invisibles que són fets de la matèria del somni. En un alè de temps, el camí de la vida. Però mai no podria parlar d'un camí, sense tenir el camí de Lluc en la memòria. Poden passar —qui no dubta?— mil coses pel camí.

La gent del Pla ha pujat sempre a Lluc pel camí de Caimari, que en guarda l'entrada. El camí de tothom antany era un camí difícil de ferradura pel qual només es podia circular a peu o encolcats en una bístia ben fiada. El camí és ple de fantasies: històries velles que la gent explica prop d'una penya, en passar ran de la roca segada d'un fondal, prop d'una font: la penya d'en Pelluc, el puig de n'Escuder, la filosa de la Mare de Déu, el còdol d'en Ceba, la costa llarga, el Barranc, el Grau major, el salt de la Bella Dona, la vota de sa llangonissa, el pont d'es Guix, el coll de sa Batalla, la font coberta... Antigues històries d'esclaus, de pirates moros —diuen que el puat de Menut és un flotó de moros que envestí el santuari i la Mare de Déu el féu tornar de pedra—, històries d'amors cobejats vora la roca, entre les alzines, de gelosia fosca, de secretes pregàries.

Quan ja era al·lot al meu poble del Pla, la germana d'un rector que venia de Sóller em contava que havia anat a Lluc a peu i havia travessat set muntanyes, fins arribar-hi. Eren, potser, les muntanyes que volten el santuari: el puig Tomir, el Galileu, el puig Roig, el puig Major... El camí que mena a la casa d'or.

El meu primer record de la Marededéu de Lluc es remunta a les darreries dels anys quaranta, en ocasió de la seva vinguda al poble. Llavors era ella qui peregrinava pels camins de l'illa, d'una vila a l'altra, pels barris ciutadans i pels llogarets.

Horabaixa, sol post, arribà al meu poble. La gent havia alçat arcs de triomf i havia penjat domassos als balcons. Quatre joves, la clenxa estirada, la portaven al coll pel carrer ample. Els homes i les dones li cantaven pregàries. A la plaça, en una balconada plena de llums, l'esperava un home. Les llengües li atribuïen fets criminals del temps de la guerra: «En va fer matar molts», explicaven. Històries de venjances i crims. Caigué ferit del cor, tot just quan la Verge arribava. «És mort», deia la gent amb la veu dèbil, i la notícia voltava d'una boca a l'altra. La música desplegava aires de festa i les joves llançaven pètals esfullats als peus de la Marededéu. «La mort li ha vingut fulminant»; tornaven a dir-se. I algú preguntava: És la Mare de Déu, que l'ha mort? La gent va pensar per molt de temps que era un miracle.

He de dir-vos que encara em fa fred aquell punt d'esperançada ràbia. Era la gent vençuda i derrotada del poble qui ho deia, la gent perseguida, que encara confiava que el cel, tard o prest, faria justícia.

A Sencelles, enguany, he de referir-me a sor Francinaina Cirer, la santa del Pla, la dona que sabé adonar-se que el món és injust i inclement amb els pobres, que, en la mesura de les seves forces, treballà fins allà on era possible contra els estralls de la misèria. Quan he volgut esbossar el perfil de la seva personalitat humana no he sabut estarme de comparar-la a la meva padrina. (Novament, he de partir d'allò que tenc més pròxim, del que m'és conegut). Una dona del Pla de Mallorca: feinera, decidida, ferma, convinçuda que és necessari posar les mans en el treball, perquè les coses no se solucionen per elles mateixes. Més amant de les coses justes que no de la justícia, més partidària de les accions concretes que no de les paraules.

Fou a la meva padrina a qui vaig sentir parlar per primera vegada de sor Francinaina. En contava miracles i prodigis i explicava que la mare de la seva mare havia estat per dida a casa d'una germana del bisbe don Miquel Salvà, que també era d'Algaida. Doncs, un dia, en vida de la Mare Superiora, el bisbe acudí a Sencelles a visitar-la i s'emportà en el seu carruatge algú de la família perquè la conegués i dues nines petites: la neboda i la filla de la dida. Pel camí, van dir que la Mare Superiora feia florir els brots ressecs dels arbres i varen collir una petita branca d'oronyoner. En arribar a Sencelles, sor Francinaina els féu bona acollida i els convidà a entrar a la capella per pregar-hi una estona. Posaren la branca seca d'oronyoner prop de l'altar i, havent resat, la branca s'omplí de flors minúscules i blanques com la neu.

Una tia meva, d'això que us explic fa prop de quaranta anys, emigrà a Veneçuela per veure si avençaria els doblers necessaris per comprar una casa. Abans de partir, acudí a Sencelles a cercar una estampa de la Venerable i la cosí al matalàs, ben doblegat, tot ple d'ampolles de ron Amazonas, conyac de garrafa i palo del Túnel, que a Caracas aquest contraban valia un *potosí.* Al port de La Guaíra, el cap de duanes, un guàrdia grandot vestit d'uniforme, apuntà l'estampa de la Venerable amb una espasa i preguntà: «És un santa?». I la meva tia, amb la cara vermella de por que tenia que li descobrissin el ron Amazonas va respondre: «És una gran santa». I el militar de les duanes tornà a preguntar: «Fa miracles, la santa?». Llavors la meva tia va respondre, amatent: «Veurem si en farà...». Però no van tocar-li el matalàs i aquelles ampolles serviren per anar tirant durant els primers dies, el temps necessari per cercar treball.

El camí de l'emigració: un altre camí sobre el qual els mallorquins sembràrem durant segles les petjades de la nostra passió. Sor Francinaina dels Dolors de Maria. Potser, també, els dolors del poble. La passió del poble pels camins de la terra i la mar. Pel camí de Lluc, tot de velles petjades d'homes que caminen, mentre la lluna blanqueja sobre la nit: és més a prop, la lluna, i quasi podríem agafar una embosta d'estels d'una grapada, pel camí de Lluc.

(Pronunciat a Sencelles, dia 12 d'agost de 1989.)

QUATRE LLEGENDES DE LES TERRES DE LLUC

LA TROBADA

La vall és apacible, poblada d'arbres i fecunda d'aigües transparents. És tot un bosc, la vall, d'alzines i pinedes. Una vall immensa en lloc d'aspres muntanyes. La garriga s'escampa pels faldars de la serra i cobreix els tossals d'arboceres i ullastres, de mates de llentiscle, de romaní i de murtreres. De nit, sembla una negra fondalada, la vall. És terra d'aigües: d'albellons i fontanelles, de fonts que solquen el terreny i fan créixer l'arbreda: la font Coberta, la font del Puig Ferrer, la font Seuca, la font dels Polls... L'aigua canta, tot l'any, ran de les fontinyoles. Quan tomba l'hivern i el sol s'encabrita, s'obrin les flors boscanes i la garriga s'omple d'aromes suaus i de colors lluents: groc i vermell, blanc de neu i morat. El rústec morat de les veròniques.

Cada vespre, un pastor acudeix a aquell lloc. Mentre les ovelles pasturen pels sementers i les marjades, les nit clares d'estiu, en Lluc observa els estels i juga a descompondre les constel·lacions. Coneix ses Cabrelles i la Vera Creu, persegueix amb la vista l'estel dels Pastors i s'agrada de fer volar el pensament i les idees per la via lluminosa de Sant Jaume. Potser, algunes nits, acompanya amb el flabiol les remors de l'aigua. Llavors, s'endormisca una estona i, en trencar l'alba, acudeix a rentar-se la cara al nient d'una font, a espolsar-se el sobec amb quatre grapades. És fill de pares moros, el pastor, tot just batejat, sotmesa l'illa pel Rei en Jaume.

Una d'aquelles nits, era dissabte, en Lluc va veure una gran claredat. Havia portat la guarda al racó d'en Malonda i, des d'aquell punt, observà que per una encletxa de les roques sortia una claror brillant com d'argent viu. Per ventura, un estel havia vingut a caure entre el predeny. Potser era la lluna que s'havia amagat rere les carritxeres. El cel era fosc. Les roques espirejaven com un fester. En Lluc s'hi acostà, lentament, la mirada absorta en la contemplació d'aquell prodigi: la música suau, l'harmonia dels instruments de corda, les veus primfilades dels àngels... Tot s'esvaí. Replegà la guarda i partí cap a Escorca, el pastor. Tots els dissabtes, quan el cel s'enfosquia, tornava a comparèixer aquella llum i aquells càntics. Dins la profunda negror de la vall, entre les ombres, es repetia la visió misteriosa: la claror nítida, la música i els cantiris.

Un dia, acudí a explircar-ho a un monjo que feia vida solitària a l'església de Sant Pere d'Escorca. Era de la regla de Sant Bernat, el monjo. No acabava de creure'l. Hi acudiren tots dos, el dissabte següent, quan el sol tombava i la nit omplia les muntanyes de foscors incertes. Pel camí, encara li contava les meravelles que havia contemplat amb els seus ulls. Encara eren lluny i ja entrellucaren la claredat que el pastor havia vist. Pensaren que s'hi abscondia un tresor, entre els penyals esquerps; un tresor increïble cobert d'herbei i romaguers. S'hi acostaren. En una encletxa de la roca, tapada de terra i embolicada amb un drap verdosenc, hi trobaren una figura de la Verge, el fill als braços, quasi somrient, la cara morena, el vestit sembrat de lliris d'or, un llibre dins les mans de l'infant que marca el principi i la fi de totes les coses.

L'adoraren, el pastor i el monjo. Ploraren; diu l'antiga història que d'alegria. Llavors, donaren avís a la ciutat i acudiren al lloc de la trobada —enmig d'aspres muntanyes— els Magnífics Jurats i el Capítol de canonges de la Seu acompanyats de moltes persones. Honoraren la imatge, la juraren per patrona d'aquest Regne i li construïren un oratori.

Quan la gent de l'illa va assabentar-se del prodigi, hi pujaren estols de pelegrins. Uns clamaven que s'acabàs la fam, d'altres la guerra, d'altres la pesta... La Regina del bosc i de les aigües continuava marcant el principi i la fi del cel i de la terra.

EL SALT DE LA BELLA DONA

El camí és aspre, de pujades abruptes i de difícil pas. De vegades, és gairebé un tirany entre penyes, el camí, tot de perills i fondalades.

Cap a Lluc s'encamina una parella. Són home i dona.

El marit calla. Porta un capot negre sobre les espatlles. Està trist i esmús, com si estàs disgustat. No diu paraula. Ella duu un vestit de seda blava i un mocador de color de cirera. Dins les mans, un pom de flors blanques; són roses de garlanda.

Partiren a Lluc abans de pondre's el sol, quan cau l'horabaixa. El dia mor i la fosca obscureix la mirada de l'home. Té el cor ple de tenebres, el marit. Les últimes clarors han vingut a filtrar-se entre les branques. Està trist, capficat. Per això decidiren partir. Un niu de serps li rosega l'entranya, tot un infern de gelosia. Havia sospitat sovint de la muller. Les llengües... —ai, les llengües!— l'havien mormolada entre dents:

—Diuen que un carboner eixerit i despert la vetlla, nit i dia.

—Hi ha un pastor que toca per a ella aires d'amor, les vetlles en què la lluna creix.

Un dia li explicà que la pretenia, el pastor. Ella va respondre, amb la cara vermella d'empegueïment:

—Tu bé ho saps, que sóc casada.

La sang li pujava al cap, al marit. El dubte l'atordeix. No n'hi ha, d'herbes que curin aquest mal. La fosca torna espessa. Passa una òliba com un mal averany. És just un pedaç de llana, l'òliba, desdenyosa i feixuga. Dobleguen el cim d'un pujol i el rost s'empina. L'aigua remoreja dins el barranc. El torrent bramula, entre les roques. Dalt d'es Grau, el camí passa al caire de l'abisme, pel costat d'una penya tallada a plom. Les aigües corren dins el fondal obscur. Entre les remors de l'aigua, hom hi sent encara ara gemecs i plors. La carn s'esborrona, només de veure la fosca del cingle.

—Donau-me la mà, marit. Les cames em tremolen.

—Mirau la fondària.

—Tenc por.

—Per què n'heu de tenir?

—L'aigua corre allà baix, entre el pedreny. No sentiu una veu que gemega?

Va respondre aquell home, cegat de ràbia:

—Hi tiraren una dona, una nit fosca com aquesta.

—Per què?

—Deien que enganyava l'espòs.

—L'enganyava?

—Vós tindreu la mateixa mort, que també m'heu traït en secret.

Ella guaitava sobre l'espadat, quan ell l'agafà per les cames i la tirà a l'abisme. Rodolà pel barranc rebotant i donant tombs, aquella dona. Tingué temps de cridar:

—Mare de Déu, assistiu-me!

Com una roca que cau rost avall, es precipità vers la profunda negror de l'avenc. Un silenci de pedra retallà la mirada d'aquell home. Observà de primcompte la fosca del barranc: ni un gemec, ni l'eco d'un esglai, ni la remor trèmula de les alzines. Decidí que era morta i partí escapat, de pressa, sense esma, la vista emboirada, pels camins de la nit. Travessà les garrigues i les torrenteres, el boscany i l'arbreda...

És fosca clara. La nit ha començat a diluir-se i pinta de penombres els fondols i les cares. Les campanes de Lluc toquen missa primera. Rere les muntanyes, ha començat el dia talment un magrana.

Quan arriba al temple, aquell home, la claror de la llàntia il·lumina un rostre conegut. La cara es trasmuda, els ulls li espiregen. És la muller pròpia qui està agenollada, sense una ferida, ni un trenc, ni la pell gens blava, ni cap moradura...

Els àngels de Lluc somriuen de veure l'esclator de ràbia del marit gelós. La dama, sonàmbula, canta lletanies i esfulla les roses blanques de garlanda.

L'ERA D'ESCORCA

Diuen per cosa certa que en un lloc on avui hi ha un fondal cobert de romaguers hi hagué antany una era.

El punt és pedregós i pla, entre marjades, no gaire lluny de la vella parròquia de Sant Pere d'Escorca. Potser d'estiu, hi bufa un alè de vent, quan el sol crema com una caliuera. Més enllà, l'espessor del bosc, una fontana i la remor transparent de les alzines, al caire d'un coster tot de garriga.

Sobre aquella era, un dia de festa de guardar —diuen que era diumenge— hi havia uns pagesos que batien el blat. Havien fet l'estesa en bon matí. Ara, les mules trotaven sota el sol roent. Una veu s'alçava, ronca, com si tingués aresta, plena de cadències:

Muletes correu, correu,
fareu sa palla menuda;
si la feis llarga i torçuda
en s'hivern l'hi trobareu.

Suava el bestiar, la boca bavosa, i suaven els homes. La pols havia vingut a mesclar-se amb la suada. De vegades, les mules aturaven el trot i continuaven, lentes, la batuda, el pas cansat, feixuga la mirada. Llavors, fiblaven les flastomies i els renecs s'alçaven:

—Vatua el món, dic!
—Mal et toc un llamp!
—Què esperes a córrer?, mala bèstia!

La verga doblegava cinglades sobre l'esquena de les mules. Damunt la pell banyada, dibuixava ratlles de dolor, la verga. Les bèsties reprenien la carrera i tornaven a encendre's les cançons. Els carretons començaven a voltar de bell nou i esgranaven les espigues. La jornada durava de sol a sol. Passat migdia, havien començat a ventar, les forques a l'aire. S'alça la palla com una polseguera. El blat serà retent i tot són rialles. Algú no s'atura de flastomar, perquè la feina és llarga i el sol ha començat a tombar dins els avencs.

De sobte, la dringadissa d'una campana anuncià que passava un capellà amb el Sagrament. Portava el combregar a un malalt, no gaire lluny, per ventura a un pastor moribund o a un carboner. Ni pel viàtic no pararen de fer feina, aquells homes. La campana tocava, vibrant. Damunt l'era, tot eren rialles i crits. S'aturà el sacerdot i encara en feren befa, els que batien. Llavors, s'obrí un clot —talment un avenc— i l'era s'esfondrà. L'avenc s'engolí els homes i les bèsties, els carretons i el blat. Dins la negror de la boca, homes i bèsties vingueren a colar la vida, aquella tarda.

L'estrèpit ressonà entre les pedres. El gemec de les mules s'ajuntà a l'esglai de la gent. El viàtic continuà el seu camí, solitari, cap a la casa del moribund que l'havia enviat a cercar. Només una dona —diu l'antiga memòria— que seia en una roca prop de l'era, salvà la vida, perquè venerà el Sagrament, mentre passava.

L'avenc, encara ara, tot de pedreny i romaguers, fa por, de nit. La gent que en passa assegura, en silenci:

—És un clot maleït. Abans va esser una era...

I hi ha qui ha sentit remors estranyes, cançons ferèstegues que vénen de l'Infern, animals que troten, carretons que volten, entre l'entranya de les penyes, homes que criden, condemnats per sempre a batre entre les roques.

EL NIN D'EIVISSA

Els anys passaren i aquell matrimoni no havia tingut encara cap fill.

Cada matí, la muller sortia damunt el portal i contemplava el cel de la seva illa, blanc i net com un llençol de fil, amb els ulls una mica cansats. En volia un, d'infant, aquella dona i, potser —ho deien les veïnes—, n'hauria fet un de fang, si hagués estat possible. Observava com passaven els dies, com els anys s'escolaven, amb l'endarrer de tenir un fill de ses entranyes.

Un dia —ningú no diu qui n'hi havia parlat, d'aquella Verge—, acudí al seu empar i invocà la seva protecció. Sabia que eren lluny, les cases de Lluc, d'aquella terra seva, més enllà del mar. Eren lluny, a l'altra banda de la cinta que, tots els matins, seguia amb la mirada, fins a omplir-se l'alè de sal, èbria de llum i de salobre.

«Si em veia a esser mare —es deia a si mateixa—, acudiria a veure-la al seu mateix recer, aquesta Verge. Hi aniria a peu descalç com una penitent i li oferira el meu fillet talment una penyora».

El marit acceptà la promesa de sa muller i decidí d'acompanyar-la en el pelegrinatge, si tenien un fill. No tardaren gaire. Als nou mesos en punt varen esser pare i mare d'un nin com un ramell i atribuïren la gràcia a Nostra Senyora.

L'infant creixia, mentre els pares ajornaven un any per l'altre l'acompliment de la seva promesa. Quan va tenir vuit anys, decidiren que no podien deixar passar més temps i resolgueren d'embarcar-se en un xabec, i arribar a Mallorca, i fer el camí de Lluc, el peu descalç i el cor agraït.

La nau traçava esteles de sal sobre el mar. De sobte, el vent començà a moure les aigües i la barca, enduita per la força del vent, saltava com una cabrida entre les ones. Aviat els entrà el mareig, als viatgers. Només el nin jugava tranquil sobre coberta, satisfet de veure la mar esvalotada, el combat del xabec en una maregassa increïble i desfeta.

Tombà la nau i el nin va caure a l'aigua.

Un mariner cridà, talment una gavina enfollida:

—Aturau la barca, que el nin es nega!

Llançaren les cordes que tenien i intentaren de rescatar-lo, amb totes les forces. Acabaren que ningú no sabia què es feia i el nin es va perdre dins les ones.

Bé varen cercar-lo, els mariners, fins a posta de sol.

Caigué la fosca i tothom ja el donava per perdut entre les algues. El pare parlà de tornar enrere, cap a la seva terra, vers la llum endolada de la seva illa. La mare decidí d'acabar el viatge, d'arribar a Lluc i d'explicar-li a la Verge que ningú excepte ella podia retornar-los el fill de ses entranyes, tot just perdut en aquella mar esvalotada i freda.

Arribaren al moll de Ciutat.

Partiren cap a Lluc. Mai no finia, el camí, i les voltes es multiplicaven com un embull de cintes tenyides d'amargor. Ploraren, dins el temple. De sobte, pel corredor de l'església vella, va comparèixer el fill...

Pensaren que es tractava d'un miratge, d'una visió quimèrica que el dolor els presentava sobre el tel de la vista.

L'infant saltava davant els seus ulls. Els va estrènyer les mans... Preguntà sa mare:

—A quina corda pogueres aferrar-te? Quin mariner vingué a rescatar el teu cos mig ofegat?

I va respondre el fill:

—Va esser aquella Senyora, que em va treure del mar. M'abrigà amb una flassada i m'eixugà la pell, passada mitjanit.

LES FESTES DE TARDOR

Amb la tardor arriben les pluges, la terra es desclou a la mà dels homes i torna a iniciar-se el cicle del conreu. Les velles tonades del llaurar són lentes, tan llargues com el solc que el llaurador traça sobre el terreny. S'alcen els vents de tramuntana. Els arbres perden les fulles. Maduren les fruites boscanes: les serves, les nesples, les atzaroles, els murtrons, les arboces... És el temps de les grans nuvolades: la Ciutat de Troia, els Homenets de Santanyí, en Jordà, el Capell de Randa... Les festes de tardor posseeixen l'encant de la verema i de les fires, la màgica bellesa d'una cançó amorosa, la disbauxa grotesca de les matances... I al punt extrem, quasi a frec de l'hivern, l'esperança que la claror del sol retorni sobre els sementers i torni a començar la vida.

29 de setembre

SANT MIQUEL ARCÀNGEL

A les estampes populars i als vells retaules, Sant Miquel apareix armat amb una espasa, el peu sobre el dimoni. Cap de les milícies celestials —igualment que les milícies infernals, organitzades jeràrquicament—, Sant Miquel fou el general victoriós en la guerra —potser fou una guerra còsmica— contra Llucifer i els seus sequaços que volien esser tan esplendents com Déu.

També, a l'antiga iconografia apareix, a vegades, alçant una balança. Sant Miquel serà l'arcàngel encarregat de pesar les ànimes el dia del Judici Final.

Per Sant Miquel —per santmiquelada, els dies que enrevolten Sant Miquel— acaba l'estiu i comença la tardor. S'han acabat els treballs del camp: els sequers, la verema... I comença la temporada de les pluges. Els pagesos tenien Sant Miquel per un sant plover:

Si per Sant Miquel no plou,
al pagès li entra el dol.

A Calonge fan encara la festa major, per Sant Miquel. I a Campanet, on han incorporat a la festa el ritual de les llanternes de meló retallat, de síndria o de pebres. Les comparses canten pels carrers:

Es sereno ha mort un moix
i l'ha duit an el Socors,
ha comprat un cèntim d'oli
i un panet de dos.
Per sopar, per dinar...

També fan festa a Campos, a la barriada del Pou Nou. A vegades, emperò, la pluja desllueix la gresca. Un glosador de Calonge, en Jaume Julià, va explicar-ho amb aquests versos que la gent coneix de memòria:

Si està un poc ennigulat,
es jovent diu: quina pena,
si es vespre de sa berbena
mos amollava un ruixat! [18]

En aquest petit poble santanyiner posaven una bandera blanca al campanar, vuit dies abans de Sant Miquel. La gent en deia «sa bandera de sa fam», perquè al camp ja no quedava res per collir: ni figues, ni raïms, ni ametlles...

---

[18] Recollida de la tradició oral per Francesca Vallbona.

TEMPS DE VEREMA

Fa dos o tres anys vaig venir a aquesta mateixa tribuna —convidat en nom del vostre Ajuntament pel bon amic el poeta Llorenç Moyà de Can Gilabert— per pregonar la festa —bella festa d'amor i de gresca!—, per pregonar, dic, la festa de la verema binissalemera. Una festa que Llorenç Moyà havia reinstaurat sota el signe del vi, a la seva casa de velles parets i antigues pedres.

Encara no fa un any del seu traspàs. Partí d'aquest món, poc temps després de la festa de la verema, a les darreries d'octubre, quan el cicle de les collites s'ha ben acomplit i la terra es disposa per al repòs, gairebé en silenci. Permeteu-me, doncs, que les meves paraules d'avui vagin lligades al seu record. A la memòria d'un home d'aquesta vila que estimà el seu país i es mantingué fidel a la llengua del poble. A la llengua antiga dels veremadors binissalemers.

Llorenç Moyà arribà a utilitzar la pròpia llengua, el català de Mallorca, tan bellament que poques vegades un poeta ha arribat a un tan alt domini de la matèria amb què configura el seu art. I, pels camins de la llengua, mantingué tothora una absoluta voluntat de fer de la nostra cultura una soca robusta i solidària. Era l'home que tenia confiança en la seva pròpia veu. I aquesta és la gran lliçó de la seva vida i el seu més alt exemple: el compromís amb el seu poble pels camins fascinants de la paraula. Un compromís que el conduí a l'absoluta defensa de la llibertat de l'home, al rebuig del fanatisme, que sembra fusells dins el cor de la gent.

Jo hi vaig venir, a aquelles primeres festes de la veremada, a la clasta de Can Gilabert. Allà hi vaig conèixer Llorenç Villalonga. En aquelles festes vaig començar a estimar la vostra vila de pedres vives —pedres de dos mil colors—, com baixades dels contraforts de la serra de Tramuntana, rost avall, fins al pla.

Llorenç Moyà havia teixit, entre els fervors de l'elegia i de la sàtira, el mite de Robines. I s'agradava d'explicar-me velles històries, antigues facècies que, molt sovint, només havien viscut per un instant dins el seu magí. Me'n record que deia que feia molt de temps —devers l'any u— havia vingut a Binissalem, només per beure-hi vi, l'emperador de Roma Cèsar August, l'home que governava l'Imperi —el Mare Nostrum— en aquella era en què hom creia que havia arribat la plenitud del temps. El Cèsar havia desembarcat al port de Ciutat, la Palma romana havia acudit a rebre'l amb pompes de festa major, d'allí havia partit cap a Alcúdia —la Pollentia antiga— i vers mitjan camí s'havia aturat a romandre. Binissalem, aquella nit, li oferí el seu millor vi i el Cèsar agafà en aquest mateix poble la meula més calenta de la seva vida. El vostre poeta —que s'agradava d'imitar sovint els glosadors populars, la vena de la poesia popular i els seus deliris—, en teixí, entre la farsa grotesca i la complanta barroca, dues belles corrandes:

Engatar-se és àdhuc just
quan les bevendes són fines:
del gemmat vi de Robines
sempre anava gat August.

El poeta ens volia advertir que el Cèsar del món, quan hagué tastat el vi de Binissalem, mai no pogué passar sense beure'n i una gatera n'hi va dur una altra, i una altra... (Potser Llorenç Moyà havia posat aquest punt de picardia en el seu glosat per venir-nos a dir que amb la panxa plena de vi i el cap un poc tèrbol és la millor manera de governar un imperi).

Però llavors vindria l'aplicació a la nostra particular conducta. Robines —Robines Augusta d'ençà que el Cèsar de Roma havia pernoctat una nit en aquest lloc— havia servit vinet de bon grau a la taula de l'emperador. Ara, és just que «la gent més noble», tota la gent, aprengui la lliçó de Cèsar:

Si August una moixa ateny
amb el vinet del meu poble,
és just que la gent més noble
qualque pic s'empurori el seny.

És just, qualque vegada, enterbolir-se l'enteniment. Sobretot perquè —i ho diu una vella sentència— en el vi hi ha la veritat. Jo diria que la veritat del vi és una veritat lliure i sense por, una veritat franca que condueix a l'alegria de viure, a la gresca que Bacus —el déu totpoderós de la disbauxa— proposa cada any en arribar el temps de la verema.

És la tardor, el temps de l'any en què les collites arriben a la plenitud. Els fruits d'aquest temps són sucosos i plens d'una dolçor amiga que extreuen de la terra. Temps de llanternes, jocs d'infants, sota les nits constel·lades de setembre. Incertes ombres que sorgeixen de la clovella d'un meló, tot de filigranes retallades.

Es sereno ha mort un moix
i l'ha duit en el Socors,
ha comprat un cèntim d'oli...

La teringa dels nins continua la seva caminada pels carrers de la vila. Les façanes s'omplen de bellumes, d'un joc de penombres que tremolen. «Ha comprat un cèntim d'oli...». L'oli és tot el contrari del vi. L'oli és tan necessari com el pa. El vi condueix a la festa, destrava la llengua i allibera el llenguatge. L'oli és auster. El vi encalenteix el cap i fa espirejar els ulls. Un tassó de bon vi és la paga que reclama el poeta pels seus versos. Ronsard posà sobre la tomba de Rabelais un epitafi que venia a afirmar que, si del seu cos corrupte alguna cosa n'havia de créixer sobre la tomba, seria un bell parral, d'aquella panxa que, mentre havia viscut, no s'havia aturat d'engolir vi.

Però la festa és un punt de retrobament del poble amb les seves profundes arrels. És la nostra aventura. Una aventura d'homes concrets que sabem que la història és una successió lineal d'esdeveniments en un temps natural que sempre torna a començar. Festa del veremar, festes de subtils iniciacions amoroses. Quants d'homes i dones no es veurien obligats a acoblar els treballs de la verema a la seva primera mirada d'amor: «Dos que amb so mirar s'entenen / que s'hi parlen d'amorós...». La vinya i la verema n'han estat testimoni, de tantes amors primeres, que, perquè són les primeres, sempre són les millors: «Ses sopes i ses amors / ses primeres són ses bones...». Festes d'amor: la festa del vi que destrava la llengua i condueix a l'alegria de viure... A l'alegria d'enamorar-se de tantes coses: de la vida, de la llibertat, del país... de la llengua del nostre vell poble. Perquè la llengua és el lloc on ens reconeixem a nosaltres mateixos i és desventurada aquella gent que ha perdut la capacitat de retrobar-se.

És necessari cobrar la confiança en la nostra pròpia veu, i aquella voldria que fos conclusió que vingués a tancar la meva intervenció d'avui horabaixa. Amb les nostres paraules. Perquè la paraula fa créixer el pensament. Donau-li paraules al pensament i el veureu com és capaç de volar. Sobre cada paraula, damunt cada mot, el temps hi ha abocat la seva alquímia. Tota l'experiència del poble es concreta en les paraules. Som una antiga gent que ha viscut ran d'una mar vella, plena d'història. Una mar on els homes han imaginat déus afectats d'empinar el colze, perquè sabien que res no hi ha tan venturós com l'alegria de viure en llibertat.

La confiança en la nostra pròpia veu. Quin bell projecte per a la festa de la veremada d'enguany. Bella ventura si cercam aquest vi. El fi de la fidelitat a la terra i als homes que hi han viscut per sempre. «Donau fil a sa miloca / que si fa vent volarà...», diu una altra cançó. I una altra: «A dalt d'un puig vaig filar / un fil de llarga esperança...». N'estic ben segur, que el futur serà del nostre poble si el fil de l'esperança fa volar la miloca de les nostres velles, indefugibles aspiracions de viure.

Som un vell poble capaç encara de filar l'esperança en cada glop de vi.

(Text del Pregó de la Festa de la Verema,
Binissalem, setembre de 1982.)

NOSTÀLGIA DE LES FIRES

Amb la tardor comença la temporada de les fires, quan la terra dorm: la fira de Llucmajor, el tercer diumenge d'octubre, prop de Sant Lluc, a Campos, a Santanyí, a Felanitx, a sa Pobla, a Pollença, el segon diumenge de novembre, a Inca, el Dijous Bo... En altre temps va haver-hi dures rivalitats entre alguns d'aquests pobles per causa de les fires. Avui, emperò, la fira ha canviat la seva antiga funció. Encara els pagesos s'hi proveeixen d'animals i eines, però ja en queden pocs. Ara hi van els turistes i la gent es passeja entre les barraques de lona dels trinxeters i les torroneres...

Encara hi trobes els vells productes que porten els firers: cadires cordades de Manacor, obra de palma: senalles i capells d'Artà, plats, greixoneres, alfàbies i ribells de Pòrtol, trinxets de Consell, gerres de Felanitx... I els llauners: embuts, tapadores, motllos de fer coques, coladors, regadores... I els herbolaris: taleques de camamil·la, herba lluïsa, calaguala, flor de taronger, trencapedres, ruda, morella, herba de granet... I els venedors d'olives, i els de les ulleres, i els ferrers, i l'home dels paraigües, i els argenters... Calaixos d'anells d'or, botonades, braceroles, creus de Malta, rellotges... I les joguines, les velles, rústegues joguines: cavalls de cartró, carteres d'anar a escola, botonades amb campanilles, pepes, pilotes de goma, baldufes i siurells.

Durant anys, la meva fermança fou una capsa de llapis de colors *Alpino,* que em servien per dibuixar màscares de teatre, i projectes de decorats. I les teresetes, el petit teatre de teresetes. També els drames que atordeixen la vida col·lectiva penetren les pobres ànimes dels titelles de fira. I els músics de camí que recitaven trobos i venien romanços que explicaven relats moralitzants o burlescs. Potser la rima dels versos aportava una frescor nova a aquelles notícies que la gent ja sabia...

I els vells firers: l'home de la cadernera que treu la bonaventura, el de les rates, l'herbolari que ven pomada de serp, i el que gronxa les barques, i els portuguesos dels *caballitos*...

LA DARRERA FIRA DE LLUCMAJOR

«...per què no recordar alguns elements que visqueren la bohèmia de totes les fires, amb el sol plover, les brusques, els vents, els primers freds de les nits d'octubre? Els firers més pobres, grisos rodamons, gent d'hostal, sense caseta: l'homo de la cadernera que treu la bonaventura, l'herbolari, la vident que venia pomada de serp? Jo record en Manolo que tocava una corneta i feia la crida de llibres i revistes sense "imprimatur". I aquell homenet de la "rateta"? —amb un capell francès i una llarga brusa fumada— que tenia un cèrcol de rates enrevoltades d'una ensaïmada amb les voreres menjades: i el vell, estirant i afluixant un fil, feia córrer aquelles ratetes de llauna pintada de negre amb la coa de retalls d'ala de barret, mentre deia, amb pronunciació forastera: "La rateta, la rateta...».

Bernat Vidal i Thomàs

L'emperador Carles V concedí, l'any 1543, als llucmajorers el privilegi de fer fires, de Sant Miquel fins a Sant Lluc l'Evangelista.

Els al·lots acudien, el dissabte de la darrera fira, a esperar els firers a l'entrada del poble. En venien de pertot Mallorca: de sa Pobla, que portaven mongetes i fesols, cànem i estopa; de Manacor, cadires cordades; de Felanitx, les gerretes brodades; de Pòrtol, greixoneres, alfàbies, cossiols i siurells...; els trinxeters de Consell, els hortolans de Campos, els cistellers d'Artà... Venien els llauners: pots de saïm, embuts, motllos de fer coques, coladors, regadores...; els herbolaris: taleques de camamil·la, herba-lluïsa, calaguala, flor de taronger, trencapedres, herba de granet, eucaliptus, morella...; i els fusters: balancins, escales, forques i pales...; els argenters: anells d'or, cordoncillos, tumbagues, rosaris...; les torroneres i les avellaneres, el davantal blanc: torró fluix, torró fort, torró de fruita... Olives, guarnicions, tisores, agulles, escudelles, brasers, paraigües, capells... Es pot trobar de tot, a la fira. També, un amic amb qui parlar. O el plaer de comprar la fermança als fills, als néts, a l'enamorada...

EL DIJOUS BO

I la bella temporada
del fireig fa el darrer tro
quan s'acluca, amb la diada,
el «truier» del Dijous Bo.

P. Miquel Colom

«Els carrers bullien de gent i eren tots embossats de carros, els cellers brunzien de xerradissa, tothom cridava, gesticulava tothom... Era la festa del mercat d'Inca i de tota la seva rodalia pagesa. Si els grecs comptaven per olimpiades, compten per fires els nostres camperols».

Llorenç Riber. *La minyonia d'un infant orat*

Diuen que la tradició de fer mercat tots els dijous a Inca es remunta al temps del àrabs. Però, entre tots, destaca el Dijous Bo: la fira de Mallorca.

Des de temps antic Inca és el centre mercantil d'una extensa comarca, entre la muntanya i el pla. El punt de partida de les fires inqueres és la festa de Sant Lluc: el diumenge següent és la primera fira, vénen després la segona i la tercera, els diumenges següents.

Hi havia, en temps passat, tota casta de divertiments, al Dijous Bo: cucanyes, trencadissa d'olles, corregudes, molins que voltaven, muntanyes russes, teatre de teresetes. Durant molts d'anys, després de la Guerra Civil de 1936, acudí a les fires de l'illa, i també al Dijous Bo, el petit teatre de teresetes d'Els Tres Tranquils, que dirigia el titellaire Antoni Faidella. Les teresetes d'Els Tres Tranquils representaven sainets de riure, contes antics i drames moderns. Fins i tot, alguna òpera.

També acudien al Dijous Bo els mercaders d'animals: bestiar de cabestre, muls somerins, bestiar d'Alger, truges, porcastes, moltons, ovelles mallorquines —vividores i fortes—, someres... I els ollers de Pòrtol: olles, ribells, alfàbies, plats mostrejats... I els llauners. I els venedors de culleres de fusta de taronger, de vencisos, d'escales, de cadires cordades, de graneres, d'eines: càvecs, xapetes, aixades... I les joguines: cavalls de cartró, carteres d'anar a escola, cuinetes, carros de fusta, pilotes de goma, baldufes, rates de llauna... I els siurells tan blancs i, alhora, màgics.

A sa fira som anat.
Mirau si l'he feta bona:
he baratada sa dona
amb un siurell, cap per cap;
i, com l'he hagut baratat,
el m'han donat que no sona.
No tenc siurell ni tenc dona,
crec que no som s'enganat.

Del Cançoner Tradicional

21 d'octubre

LES VERGES

LA NIT DE LES VERGES

La festa és per a Santa Úrsula i el seu estol de verges.

De la festa d'antany, emperò, quasi no en queda res: ni les cançons d'amor a la serena, ni les bandes de música, ni els estols de joves amb guitarres sota les finestres... Molt menys, l'aguait secret de les joves rere la cortina de la cambra, el llum apagat. He sentit contar que l'enamorat deixava un brot de murtra penjat a la baula de la porta i ja sabeu que, en les cultures tradicionals, la murtra era símbol d'amor encès. Més que una carta escrita, molt més que una cançó, la murtra formava par d'un codi secret que la fadrina havia de desxifrar.

Enguany, la nit de les Verges vaig vetllar durant tota la nit, engrescat en el treball d'escriure. És un hàbit, aquest d'escriure de nit, que tenc encallat. Les hores passen lentes, mentre la ploma vola, corredissa, sobre el paper blanc. I les idees salten de la fosca profunda, cavalls que arriben de molt lluny a les platges secretes de la memòria.

Durant les primeres hores de la nit vaig sentir alguns estols de joves que cridaven. No m'atreviria a qualificar-los de serenates, aquells crits, però m'agradava el primitivisme amb què acudien al balcó de les joves.

Al meu estudi arribaven les veus escaixades, impetuoses, quasi violentes del joves. Un joc fascinant d'onomatopeies, de remors estranyes, de crits que tractaven d'imitar, segurament, els renous primaris de la naturalesa. Podies veure-hi, en aquella esclator de crits, la virginitat fascinant dels renous més purs: el bram d'un ase, el crit d'un ocell, la remor del mar, el murmuri secret dels estels.

Com els rockers més purs, que han incorporat al seu cant una multiplicitat extraordinària d'onomatopeies i han fet de les seves actuacions públiques un ritual, també aquells joves havien incorporat als seus crits el cant d'una natura que gemega amb violència, quasi salvatge.

Aquella nit, treballava en un breu assaig sobre les formes amb què els joves de la tribu llegeixen i interpreten la cultura del poble on viuen. Havia arribat a la conclusió que les cultures evolucionen contínuament, encara que, a vegades, pugui semblar-nos que retrocedeixen i es fixen en estadis remots, superats de fa estona. Els xiscles d'aquells joves em podien fer pensar en uns rituals allunyats en el temps; però jo sabia que a través dels crits s'unia de sobte la cridòria remota dels joves remots a la cridòria que jo percebia lliure, salvatge, la nit de les Verges.

De matinada, tornà a imposar-se el silenci. Les colles de joves havien callat definitivament. No es percebia ni el renou d'una mosca. Llavors, molt de temps abans que l'alba trencàs, cantà el primer gall. El seu cant va esser, segurament, l'última serenata de la nit; la primera balada del nou dia.

1 de novembre

TOTS SANTS
I LA FESTA DELS MORTS

El culte als morts, ancestral i remot, durant la tardor, quan la terra calla. A les cases encenien una llumenera o una animeta pels morts familiars. Al cementiri, sobre les tombes, corones i ciris. Els crisantems, les flors de Tots Sants. Durant tota la nit les campanes tocaven a mort. A cada poble tenien un tocar diferent, perquè els morts coneguessin el seu poble. Al campanar, els escolans menjaven bunyols —un ribell de bunyols, al campanar— amb mel. A vegades, menjaven magrana, després dels bunyols, i es desembafaven. Tornaven a tocar les campanes. A la baixa Edat Mitjana, el dia dels morts les famílies posaven pa sobre les tombes: el pa dels morts, els panetets dels morts, que recollien els pobres i enfilaven en un tany vegetal.

Per Tots Sants feien festa els sants anònims i desconeguts. L'endemà, dia dos, les ànimes del Purgatori. El Purgatori era representat en forma de pont sobre un abisme pel qual passaven les ànimes despullades. Algunes queien en la boca de l'Infern. La roda de foc, el pou de foc, el riu gelat... Diu la llegenda que Déu va fer la gràcia a Sor Francinaina de Sencelles de veure l'Infern, quan encara era viva. Li fou permès guaitar-hi per un finestró. Li preguntaren: «Com és l'Infern?» Va respondre: «Un mar de foc». Qui podria escriure la geografia del més enllà? De quina manera hom ha imaginat els paisatges misteriosos d'ultratomba? Els carros de la Mort. El quadre del moribund que els dimonis s'enduen cap a l'Infern... Les parets del cementiri senyalen el límit entre la terra dels vius i la terra dels morts. El fosser, l'home entre dos mons. La por davant el desconegut. Els morts que reviscolen per demanar un sufragi, per dir que no preguin més per la seva ànima, perquè són condemnats.

Els morts... freds. Perden la calentor del cos, que és el principi de la vida.

Per Tots Sants era costum regalar un rosari de panetets dolços, de fruites ensucrades i una patena de carabassat als nins. Les fruites seques i els panetets d'ametlla dels rosaris de Tots Sants potser són una deixalla de les fruites seques que, fa milers d'anys, hom posava en les sepultures a fi que els morts tinguessin una mica de recapte durant el llarg viatge que tot just acabaven d'emprendre.

LES MATANCES

Molt m'agrada anar a matances
per menjar molt de trempat.
Un homo quan ha sopat
pareix que té dues panxes.

Les matances del porc eren una festa. La festa disbauxada del menjar i el beure. Una festa a la qual hauria assistit de bon grat mestre Rabelais i que acabava amb un sopar —el sopar de matances— amb jocs, representacions picantioses i burlesques, i ball.

Alguns dies abans, els amos de la casa acudien a visitar els familiars amb la finalitat de convidar-los a matances. Llavors venia la preparació: els cànyoms blancs cordellats de vermell, els ribells, el fil de porc, els pedaços, les espècies —el pebre bord, el pebre coent, el pebre bo, la sal...—, el garbell, el banc, els ganivets ben esmolats, les pedres tosques, les fulles de col, la llenya per fer bullir la caldera, el matador... Des de les Verges fins a començaments de gener era bon temps per fer matances. El millor, devers Santa Caterina. Però no es podia matar el porc en dia de girant. La lluna, doncs, havia d'esser propícia a la matança.

La gent engreixava el porc —el que guardaven per a ells: el matancer— amb la il·lusió de veure'l gros i omplir la perxa. El porc constituïa l'aliment bàsic de l'antiga societat rural mallorquina, per això les matances eren una festa. Una festa ritual —la litúrgia del sacrifici— relacionada amb la gresca fastuosa del Carnaval.

De bon matí encenien el foc a fi que l'aigua de la caldera bullís, en arribar el matador. Els homes acudien a treure el porc: els uns l'agafaven per les orelles, els altres, per les cames, el matador, pels morros... El posaven sobre el banc. La madona parava el ribell i la sang brollava sobre la ganiveta. El porc grunyia desesperadament i tirava coces. Els al·lots es feien enfora. Llavors l'havien de pelar, i desxuiar, i fer trossos, i fer els budells nets i cosir-los... I capolar la pasta de la sobrassada i pastar-la... Convenia que ho fes un home que tingués les mans fredes... (Però diuen que la sobrassada no estava ben pastada que el cul no li suàs, al pastador).

Els botifarrons, les botifarres i els camaiots havien de coure dins la caldera, a poc a poc perquè no esclatassin. En ficar-los a la caldera, els camaiots, resaven un parenostre a la Santíssima Trinitat.

Els al·lots, per les matances, tenien una gran llibertat de fer festa: corrien d'un cap a l'altre del poble formant teringues i estols de matancers. Cantaven cançons burlesques, cançons desbaratades:

Matancera bruta,
panxa de granot,
quan no tens dobbés
fas s'animalot.

Encenien foguerons i jugaven amb el foc. Mesclaven reïna i estopa i llavors encenien aquella mescla, i s'encalçaven, i corrien... O acudien a les cases amb una senalla a «cercar sa bunyolera» i els donaven un ràvec, un bolic de papers, un pebre coent, potser uns pocs caramels.

Quan el treball era enllestit —el saïm, els botifarrons, les botifarres, els camaiots, els ossos salats i la ventresca, les sobrassades, les llangonisses...— començava el sopar, el punt i final de la festa: primerament, un parenostre pels qui no hi són; llavors l'arròs amb tord, i conill, i esclata-sangs..., ossos bullits amb patates i col —a vegades jugaven a passar-se els ossos que no tenien carn d'un plat a l'altre—; cassola de matances o pilotes. I meló, magranes, moniato torrat amb mel, ametlles torrades, bunyols i orellanes... A qualque casa, si eren de la broma, omplien alguns bunyols d'estopa i aquell a qui tocava, venga a rosegar debades estira qui estira...

I finalment els jocs i els entremesos. Penjaven la cua del porc a l'esquena d'algú sense que s'entemés i venga a riure. Subjectaven un paper damunt les anques d'un jovençà i una jove tractava d'encendre-l'hi amb un llum d'oli o una espelma, mentre s'encalçaven:

Jo el t'encendré
an el tio, tio, tio...
Jo el t'encendré
an el tio de paper.
No el m'encendràs
an el tio, tio, tio...
No el m'encendràs
an el tio de pedaç.

També jugaven a «sa gallina», a «s'homo mort», a «ses campanes», a «es nan». El nan ballava, feia sermons, tocava la guitarra... Hi havia una guspira d'erotisme als jocs de matances. A alguns més que altres. Era una festa jugar a «sabateta pas pas». Joves i al·lotes s'asseien en una rotllana. Es passaven de l'un a l'altre una sabata per davall les cuixes... Hi havia, sovint, en passar la sabata, jocs i grapades.

Un altre joc era el de sant Bitlé, advocat contra la sequera. Sortia el sant abrigat amb un llençol i s'enfilava en una cadira. Portava un poal d'aigua encobert. Llavors sortia el predicador i invocava el sant perquè enviàs la pluja, l'aigua benèfica. Quan, ja a les acaballes de la prèdica, demanava al sant que fes caure una bona aigua, el sant treia el poal i remullava tota la concurrència...

Antigament es representaven, havent sopat, alguns vells entremesos. Mossèn Alcover cita el de «Mosson Pitja», el d'«En Preciós de sa Cabana», el d'«En Furiol i en Bufamessens»... Cantaven codolades, explicaven rondalles, jugaven a penyores... Algú recitava el «Testament del Porc».

...

Man que de sa carn i es lleu
facen taiades
per menjar ses convidades
i es convidats.
Man que facen un sopar
pompós i gros
amb molta carn i arròs
p'es matancers.
Que no planquen es diners
per comprar suc;
que se puguin omplir es buc
tant com voldran.
Lo mateix deix i coman,
per los meus dols,
facen un sac de bunyols
per darreria.

...

25 de novembre

SANTA CATERINA D'ALEXANDRIA

Aquells que neixen aquest dia —afirma la gent— porten marcada al paladar la roda de Santa Caterina i són afortunats. La roda a la qual la posaren per fer-li patir martiri.

El nom de la santa és freqüent a l'illa. N'hi ha a tots els pobles i a la ciutat. Potser, a cada carrer i a cada casa. Una vella cançó tradicional es refereix a la bellesa del nom en comptes de parlar de la bellesa de la jove que el porta.

No hi ha rosa alexandrina,
ni clavell amb tanta olor,
ni mel amb tanta dolçor
com vostro nom, Catalina.

En altre temps, a Bunyola, la vigília de Santa Caterina, encenien foguerons pels carrers. Els al·lots cantaven amb la tonada de Sant Joan Pelós:

Santa Catalina,
mare, mare fina,
penjau sa gallina
que Nadal ja ve.
Santa Catalina
té una bacina
plena de dobbés;
però encara plora
perquè n'hi vol més.

Antigament, Santa Caterina era la patrona dels estudiants de Filosofia. La nit de la vigília, els estudiants dels col·legis de Cura, al puig de Randa, de Monti-sion, d'es puig d'Inca... encenien foguerons. El de Cura era el primer de tots i servia de senyal. Més de quaranta pobles es poden veure, des de Cura. Llavors s'encenien els foguerons dels pobles, i això era la resposta de les famílies dels estudiants, que, d'aquesta manera, indicaven que havien vist sobre les muntanyes les fogueres de la festa. Cremaven llenya de mata, però la llenya de mata no fa bon foc —«qui fa foc de mata, de bufar s'esclata», diu el refrany— i els estudiants hi posaven branques seques de pi i d'ullastre.

4 de desembre

SANTA BÀRBARA

Santa Bàrbara va pel camp
amb lo llum de l'Esperit Sant.
—Bàrbara, no dormis,
que tres niguls han de venir:
un de foc, un de sang
i un de major espant.
Tira-los en una vall,
on no hi cantin galls ni gallines,
ni siguin vists de persones vives.

Del Cançoner Tradicional

L'oració és coneguda a indrets diversos dels nostres països i també a altres punts d'Europa. Hom ha resat a Santa Bàrbara a fi d'implorar la seva protecció contra les tempestes, contra els trons i els llamps. Es tracta d'un vell ritual. L'oració explica que Santa Bàrbara recorr els camps —en alguna variant: «tota vestida de blanc»— i es troba pel camí amb Jesucrist, que l'adverteix que s'acosta el mal temps. Santa Bàrbara ve d'un país remot de desfer tempestes i tronades. Jesucrist l'adverteix dels núvols que arriben i li diu que els llanci en una vall perduda.

La gent resava a Santa Bàrbara quan s'acostava la tempesta. Una vella dita explica que molts «només pensen amb Santa Bàrbara quan trona». Cert és, emperò, que la vella santa —patrona venerada de l'artilleria— escolta sovint la veu d'aquells que acudeixen a ella a fi que els alliberi dels llamps que l'atmosfera produeix i envia. No sé si el seu poder ateny —qui podria explicar-ho?— els llamps que els homes envien en forma de renecs:

> Mal te tocàs un llamp!
> Mal llamp es doblers!
> Quaranta llamps sagrats!
> Mal te pegui un llamp p'es cap!
> Mal caiguessis dins un avenc amb un llamp per tapadora!
> Quaranta llamps sagrats!
> Rellamps!

13 de desembre

SANTA LLUCIA

LA PEDRA DE LA SANTA

Aquest matí a la platja he trobat una pedra de Santa Llucia, en l'arena, a frec de l'aigua, i m'he sentit afortunat, i he pensat que, venturosament, encara ens queden platges amb copinyes i cornets, en les quals pots trobar la pedra minúscula i màgica de Santa Llucia.

És diminuta i té la forma d'una espiral aplanada. L'embat arrissava tènuement la pell de l'aigua i les ones morien tranquil·les a la platja. En la ratlla que el mar dibuixava en l'arena, l'he trobada, la pedra, subtilment arrossegada per l'escuma.

He sentit explicar —vaig sentir-ho explicar quan era al·lot— les virtuts de la pedra. Deien, llavors, que a cada casa havien de tenir-ne una, guardada amb delicadesa, per si fos necessària. La pedra servia per treure les busques de l'ull. Si te n'hi queia cap, de busca a l'ull, t'hi aficaves la pedra i començava a girar i a fer voltes, fins que l'havia capturada. Era —jo no ho vaig veure mai— com un remolí: voltava i voltava inquieta, la pedra, sobre el blanc de l'ull, en la nineta... Només s'aturava de voltar quan tenia la busca, quan havia alliberat l'ull d'aquella cosa estranya.

Deien, també, que les orenetes acudien a cercar-ne a les platges, que sempre en tenien una al niu, per si cap de les cries tingués mal a la vista. Més d'una pedra d'aquelles havien trobat en els nius que penjaven en la volada de les cases, però ningú no sabia com era que les orenetes les sabien conèixer, aquelles pedres.

I el meu era un poble de terra endins. Només una vintena de quilòmetres el separaven del mar, però la gent passava anys i anys sense veure'l. Era normal, doncs, que, si algú volia obtenir la pedra de la santa, la cercàs en un vell niu d'orenetes, més que no a la platja.

18 de desembre

LA MARE DE DÉU DE L'ESPERANÇA

Era l'advocada de les dones que havien d'esser mares. D'aquí a pocs dies serà Nadal. Ara, la Mare de Déu espera. Les esglésies es preparen per al naixement de Crist i per això, aquest dia, es guarneixen amb neules i murtra.

A Capdepera celebren la festa de la Patrona: la Mare de Déu de l'Esperança. Canten completes solemnes, la vesprada de la vigília, a la capella del Castell. Llavors, foguerons i balls: els balls antics del Llevant de l'illa.

L'endemà, missa solemne. I, després de dinar, puja la processó al Castell amb la imatge de la Patrona. En arribar, es tanca la novena i es predica el «sermó de la boira»: la Mare de Déu de l'Esperança salvà els gabellins d'un atac dels moros que venien d'Alger, tot estenent un vel de boira sobre el poble. La boira va confondre els pirates i impedí l'atac. La gent ho explica als goigs antics:

Quan el moro se'n venia
per dur-nos esclaus a Alger,

de vostro trono sortia
l'hermosa llum d'un fester.
I una boira misteriosa
que l'empenyia al mar blau...

La boira prodigiosa féu desistir els pirates i l'esperança va renéixer al cor d'aquella antiga gent.

BIBLIOGRAFIA

ALCOVER, A.M., *Ses matances i ses festes de Nadal*, Editorial Moll, Palma de Mallorca, 1957.
—, *Corema, Setmana Santa i Pasco,* Editorial Moll, Palma de Mallorca, 1957.

ALCOVER-MOLL, *Diccionari català-valencià-balear*, Editorial Moll, Palma de Mallorca.

AMADES, J., *Costumari català. El curs de l'any*, Editorial Salvat, Barcelona, 1950-1956.

ARXIDUC LLUÍS SALVADOR, *Las Baleares por la palabra y el grabado. Mallorca. Parte general*, Caixa de Balears sa Nostra, Palma de Mallorca, 1985.

BALLESTER, R. «La Diada», *Lluc*, núm. 744, Palma de Mallorca, maig-juny, 1998.

BOTA TOTXO, M., *Històries, tradicions i llegendes*, Editorial Cort, Palma de Mallorca, 1986.

CASTELLÓ GUASCH, J., *Bon profit!*, Palma de Mallorca, 1979.

CASTRO PORTELLA, F., *Algunas notas sobre la fiesta de san Antonio Abad, patrón de Menorca* (Inèdit).

—, *Cent anys d'història de les Balears*, Editorial Estella, Caixa d'estalvis i Mont de Pietat de les Balears, Palma de Mallorca, 1982.

DIVERSOS AUTORS, *Festes de Sant Llorenç, 1989*, Ajuntament d'Alaior, 1989.

—, *Calendari de festes de Catalunya, Andorra i la Franja*, Editorial Alta Fulla – Fundació Serveis de Cultura Popular, Barcelona, 1989.

FERRER PASCUAL, S., *Capdepera i «els Reis»*, Ajuntament de Capdepera, 1990.

GINARD BAUÇÀ, R., *Cançoner popular de Mallorca*, Editorial Moll, Palma de Mallorca, 1970.

GINARD, A. i RAMIS, A., «Per Nadal, llet d'ametla», *Elements de la societat preturística mallorquina*, Govern Balear, Palma de Mallorca, 1989.

—, *La terra i el temps. Calendari rural de l'illa de Mallorca*, J.J. de Olañeta, Editor, Palma de Mallorca, 1989.

G.R. DE C.F., «Una festa, una memòria», *Lluc*, núm. 744, Palma de Mallorca, maig-juny, 1988.

GRIMALT I VERT, M.A., «Els balls tradicionals a la comarca de Llevant», *Lluc*, núm. 759, Palma de Mallorca, novembre-desembre, 1990.

JANER MANILA, G., «Sant Joan, la festa de l'amor que crema», *Lluc*, núm. 744, Palma de Mallorca, maig-juny, 1988.

—, «Els dimonis de l'illa», *Enciclopèdia de temes catalans*, núm. 5, Editorial Mil·lenari, Barcelona, 1982.

JANER, M.P., «The Ball dels Cossiers in Majorca», *Catalònia*, núm. 19, Barcelona, maig, 1990.

LLABRÉS, P., *Vida de Sor Francinaina Cirer*, Sa Nostra, Palma de Mallorca, 1990.

LLOMPART, G., «Els cavallets de Mallorca», *Boletín de la Cámara de Comercio, Industria y Navegación*, LXIX, Palma de Mallorca, 1967.
—, *Entre la historia del arte y el folkore de Mallorca, folklore de Europa*, Editorial Gràfiques Miramar, Palma de Mallorca, 1984.

LLOMPART, G., «Las danzas procesionales de Mallorca», *Historia de Mallorca*, Coordinació per J. Mascaró Pasarius, tom V, Palma de Mallorca, 1974.
—, *Religiosidad popular*, J.J. de Olañeta, Editor, Palma de Mallorca, 1982.
—, *Religiosidad popular. Folklore de Mallorca, folklore de Europa*, J.J. de Olañeta, Editor, Palma de Mallorca, 1982.

LOMPART, J.M., «Elogi del ball», *Lluc*, núm. 759, Palma de Mallorca, novembre-desembre, 1990.

MACABICH, I., *Historia de Ibiza*, Editorial Dédalus, Palma de Mallorca, 1967.

MARCH, F.E., «La festa dels moros i cristians» Lluc, núm. 744, Palma de Mallorca, maig-juny, 1988.

MIRALLES, J., *La festa de l'estendard*, Ajuntament de Palma de Mallorca, 1981.

NADAL, A., *El primer de maig a Mallorca (1937-1989)*, Ajuntament de Palma de Mallorca, 1990.

PÉREZ, L., *Fiestas navideñas en la catedral de Mallorca*, Col·lecció Panorama Balear, núm. 42, Palma de Mallorca, 1954.

—, *Sa Sibil·la en la noche de Navidad*, Col·lecció Panorama Balear, núm. 53, Palma de Mallorca, 1955.

PONS LLUCH, J., *Origen religiós de les festes de Sant Joan de Ciutadella*, Col·lecció Solcs, núm. 1, Editorial Ediu, Ciutadella de Menorca, 1982.

—, *Protocol de les festes de Sant Joan de Ciutadella*, Edicions Nura, Menorca, 1989.

PONS, M., «Les danses dels cavallets», *Lluc*, núm. 759, Palma de Mallorca, novembre-desembre, 1990.

—, «Les festes de ballar i córrer a Santanyí: Sant Jaume, Sant Roc de s'Alqueria Blanca i Sant Miquel de Calonge», *Lluc*, núm. 744, Palma de Mallorca, maig-juny, 1988.

PORTELLA, J., *Festes de Gràcia, 100 anys*, Col·lectiu Folklòric de Ciutadella, Ciutadella, agost, 1990.

RAMIS DE PLANDOLIT, E., «Els goigs a les festes populars», *Lluc*, núm. 744, Palma de Mallorca, 1988.

RIBER, Ll., *La minyonia d'un infant orat*, Publicacions del Santuari de Lluc, Mallorca, 1984.

SANSÓ, A.M., *Els cossiers de Manacor*, Col·lecció Papers de sa Torre, núm. 24, Ajuntament de Manacor, 1991.

SANTANDREU, M., «El ball dels dimonis a Artà», *Lluc*, núm. 759, Palma de Mallorca, novembre-desembre, 1990.

SBERT, M., «Talment així com passà, Santa Càndida 49», *Lluc*, núm. 744, Palma de Mallorca, maig-juny, 1988.

VALRIU LLINÀS, C., *El carnaval a Mallorca*, J.J. de Olañeta, Editor, Palma de Mallorca, 1995.
—, *El carnaval a Palma com era abans*, Ajuntament de Palma de Mallorca, 1989.

VILLANGÓMEZ, M., *L'any en estampes*, Eivissa, 1982.